Sammlung Luchterhand 500

Liebesgedichte
Eine Luchterhand-Anthologie

Herausgegeben von
Klaus Roehler

Originalausgabe
Sammlung Luchterhand, September 1983
Umschlaggestaltung und Layout:
Kalle Giese, Darmstadt

Gesamtherstellung bei der
Druck- und Verlags-Gesellschaft mbH Darmstadt
ISBN 3-472-61500-1

LIEBE IST EIN MASSLOS DING

WILLIAM BUTLER YEATS

LIED DER DEIRDRE

Liebe ist ein maßlos Ding,
Das nicht eher Ruhe kennt,
Bis es einen Flügel netzt,
Wo ein Lachen hüpft und brennt
Und das Licht der Zeit sich trübt.
Wo wird Lohn dem Liebeskuß,
Wo dem Aufruhr unsres Bluts,
Das vor Tag vergehen muß?
Herz an Herz und Mund an Mund,
Hauch, gemischt in Lust und Not,
Ist die Liebe Sehnsucht nur
Nach den Dingen hinterm Tod?

Auf spanische Art mit kräftigen Schritten tritt der Tag
herein
Ein Rauschen von Blättern und Vögeln rückt an
Ein Vorgefühl von Meer oder Frauen
Der Tag summt auf meiner Stirn wie eine fixe Idee
Auf der Stirn der Welt summt eigensinnig der Tag
Das Licht läuft überall hin
Es singt auf den Terrassen
Es läßt die Häuser tanzen
Unter den kühlen Händen des lockeren Efeus
Erwacht die Mauer und reckt ihre Türme
Und die Steine lassen ihre Gewänder fallen
Und das Wasser entblößt sich und springt aus seinem
Bett
Nackter als das Wasser
Und das Licht entblößt sich und beschaut sich im
Wasser
Nackter als ein Stern
Und das Brot bricht auf und der Wein ergießt sich
Und der Tag ergießt sich über die Wasserfläche
Sehen hören berühren riechen schmecken denken
Lippen oder Erde oder Wind zwischen Seglern
Geschmack des Tages hingleitend wie Musik
Rauschen des Lichts das ein Mädchen an der Hand
führt
Und es nackt läßt in der Mitte des Tages
Niemand weiß ihren Namen noch wozu sie kam
Wie ein wenig Wasser lagert sie sich an meiner Seite
Die Sonne bleibt einen Augenblick stehen um sie zu
betrachten
Das Licht verliert sich zwischen ihren Beinen
Meine Blicke umspülen sie wie Wasser
Und sie badet in ihnen nackter als das Wasser
Wie das Licht hat sie keinen eigenen Namen
Wie das Licht wechselt sie ihre Gestalt mit dem Tag

PAUL ÉLUARD

ZUM LEBEN ERWECKEN

Sie waren einige die die Nacht bewohnten
Und vom zärtlichen Himmel träumten
Sie waren einige die den Wald liebten
Und die an den brennenden Hain glaubten
Blumenduft entzückte sie selbst aus der Ferne
Die Nacktheit ihrer Sehnsüchte kleidete sie

Im Herzen fügten sie den gemessenen Atem
Zu diesem Nichts von Wunsch nach natürlichem Leben
Das im Sommer wächst wie ein stärkerer Sommer

Im Herzen fügten sie Hoffnung auf kommende Zeit
Die auch fern andere Zeiten grüßt
Zu Liebe hartnäckiger als die Wüste

Ein klein wenig Schlaf
Gab sie der künftigen Sonne
Sie dauerten sie wußten das Leben verewigt

Und ihre dunklen Begierden zeugten die Klarheit.

...

Sie waren nur wenige
Plötzlich wurden sie Masse

Das geschieht zu allen Zeiten.

GÜNTER GRASS

KIRSCHEN

Wenn die Liebe auf Stelzen
über die Kieswege stochert
und in die Bäume reicht,
möchte auch ich gerne Kirschen
in Kirschen als Kirschen erkennen,

nicht mehr mit Armen zu kurz,
mit Leitern, denen es immer
an einer Sprosse mangelt,
von Fallobst leben, Kompott.

Süß und süßer, fast schwarz;
Amseln träumen so rot –
wer küßt hier wen,
wenn die Liebe
auf Stelzen in Bäume reicht.

GÜNTER HERBURGER
BELLE DE JOUR

Die Peitschen der bürgerlichen Zucht,
die Leistungen der bürgerlichen Macht,
die Messen der bürgerlichen Sehnsucht,
also der Wille dieser Gewalt,
all das wird untergehen
wie eine furchtsam schwere
Kutsche ganz aus Gold in einem Fluß
voll grasgrünem Aas.
Dann ist der Herbst vorbei
und klare Verhältnisse geben wieder
den Blick frei über abgeerntete Äcker
auf die Städte am Horizont,
wo das Frühjahr beginnt.

Aber das Einführen des Gliedes
in seiner häßlichsten Gestalt,
und das Spreizen und Zerren
an der Scham samt deren Knötchen
auf unförmige Weise wie gewohnt,
und immer wieder die Aus-
dehnung der Fruchtblase
mit ihrer köstlichen Fracht,
all das wird weiterbestehen
einzigartig unterschiedslos
von Tür zu Tür ohne Hast,
denn die Leiber wollen glücklich sein
und abwechslungsreich wie Jahreszeiten,
sonst käme die Bedenkenlosigkeit,
der wir vertrauen müssen,
schon wieder zu kurz.

HELMUT HEISSENBÜTTEL
GEDICHT ÜBER PHANTASIE

Öl Schweiß Gerüche Schweißkolben Treppengeruch
Bettgeruch da muß man die Hand die anfaßt umfaßt
um Hartes um Weiches Metall Zebedäi reinschicken
sich hin und her gerollt Kastanien Kopf ganz wie sagt

man voll von schmutzigen schmutzige Phantasie ge-
steigert zu dem Bedürfnis zu sagen von mannigfaltig
Verwicklung in der sich konkret durch die Umstände
auseinandergebogener Schenkel verrenkt Geschmack

der Pulpa Klitorides Anastatica Hierochuntica Dös-
chen zu bürsten es tun Nummer schieben Stoßgeschäft
verkrampfte Vagina aus Angst Kinder zu kriegen die
Sacknaht zu lecken die immer die gleiche Figur kopf-

über verzerrt kürzer sich außer von unten geschraub-
ter Hintern stumm sich verschiebende Phase ver-
braucht unverbraucht schlapp ausgehöhlt ausgearbei-
tet schwach besetzt und kräftig ausgebildet schwach

ausgebildet und kräftig besetzt sperrbeinig sperrflei-
schig Spalt spalten glatt kalt weich heiß Rückbezug
Rückenzug besonders ermüdend Ausschweifungen
vor dem Spiegel Damenbesuch nur an Nachmittagen

Schlüpferjagt als Ventil and the question as to how
many times a night a man can do it is a favorite topic of
grau still des Juli morgens Wand lila sperrbeinig aus-
einandergebogen talsohlenflach naß erschöpft was ist

der des Sexuellen Tropfenglanz Zauber warum so
großen ersten Blicks dans des cas pareils sperrbeinig
sperrbildrig fenstersturzläutend c'est toujours unbe-
dacht blindlings die gleiche Sache

MARIE-LUISE KÖNNEKER

LIEBE

Einen Stein
vom Herzen nehmen
Schnee drum tun
in ein Glashaus werfen
eine Feder treffen
ein Bein ausreißen
keinen Namen mehr wissen

sie mehr den anderen
dieser sie weniger
er mehr die andere
diese ihn weniger
sie mehr den anderen
diese sie weniger
er mehr die andere
diese ihn weniger
sie mehr den anderen
dieser sie weniger
er mehr die andere
diese ihn weniger
sie mehr den anderen
dieser sie weniger
er mehr die andere
diese ihn weniger
sie mehr den anderen

GÜNTER GRASS

LIEBE

Das ist es:
Der bargeldlose Verkehr.
Die immer zu kurze Decke.
Der Wackelkontakt.

Hinter dem Horizont suchen.
Im Laub mit vier Schuhen rascheln
und in Gedanken Barfüße reiben.
Herzen vermieten und mieten;
oder im Zimmer mit Dusche und Spiegel,
im Leihwagen, Kühler zum Mond,
wo immer die Unschuld absteigt
und ihr Programm verbrennt,
fistelt das Wort
jedesmal anders und neu.

Heute, vor noch geschlossener Kasse,
knisterten Hand in Hand
der gedrückte Greis und die zierliche Greisin.
Der Film versprach Liebe.

KURT MARTI
VIELLEICHT LIEBE

1
wächst
wortlos

ist auf keinen
begriff zu bringen

halbsätze
entflattern

fragen
vergessen sich

vielleicht
liebe

2
hautvögel
flatternd auf

berühren
beugt

befühlen
blüht

tastsinn
des lebens

3
ganz
von dir
durchdut
ruht sich
gut

LUDWIG FELS

GESANG ÜBER DIE LIEBE

Die Musik schaffts nicht.
Der harte Schlag in die Saiten erzeugt
nicht das gleiche Geräusch
wie der Knüppel, wenn er
auf Fleisch und Knochen drischt.
In den Bürgerstuben
wird der Gesang über die Liebe
gern gehört.
Brüder und Schwestern
seid ruhig
hört zu!

DIE ERSTEN WORTE DES GLÜCKS

PAUL ÉLUARD

MASS UND UNMASS DER LIEBE

Am Anfang nenne ich die Elemente
Deine Stimme deine Augen deine Hände deine
Lippen

Ich bin auf Erden wär ich's denn
Gäbe es hier nicht auch dich

In diesem Bad ebenbürtig
Dem Süßwasser und dem Meer

In diesem Bad von der Flamme
Errichtet in unseren Augen

Diesem Bad der glücklichen Tränen
In das ich eintrat
Durch die Großmut deiner Hände
Durch die Gnade deiner Lippen

Diesem menschlichen Urstand
Gleich einer keimenden Wiese

Unser Schweigen unsre Worte
Das Licht das davongeht
Das Licht das wiederkehrt
Wir lachen über Frühe und Abend

Im Herzen unsres Leibes
Blüht alles und reift heran

Auf dem Stroh deines Lebens
Worauf ich meine alten Knochen bette

Worauf ich ende.

WILLIAM BUTLER YEATS

ER WÜNSCHT SICH DIE TÜCHER DES HIMMELS

Hätt ich die reichgestickten Himmelstücher
Gewirkt aus goldenem und silbernem Licht,
Die blauen und die matten und die dunklen Tücher
Von Nacht und Licht und halbem Licht,
Ich breitete die Tücher dir zu Füßen:
Doch weil ich arm bin, hab ich nur die Träume;
Die Träume breit ich aus vor deinen Füßen:
Tritt leicht darauf, du trittst auf meine Träume.

PAUL ÉLUARD

DIE SINNE

Nichts als dieser Glanz
Der Glanz dieses Morgens
Wird dich leiten auf Erden

Der Glanz dieses Morgens
Eine Nadel in Seide
Ein Saatkorn im Dunkel
Auge starrend auf einen Schatz

Unter den Blättern in deinen Händen
Das berauschende Spiel der heißen
Almosen
Das große Wagnis der bleichen
Weigerung

Auf den Straßen des Zufalls
Wird die Mauer die harte ihre Steine verlieren

Der Glanz dieses Morgens
Deine Brüste entkleidet von all meinen Blicken
Alle Düfte des Straußes
Vom Veilchen bis zum Jasmin

An der Sonne vorbei
Am Gedanken vorbei

Das Rauschen des Meeres das Rauschen der Kiesel
Das Moos und der Ruch der Blume des Waldes
Der Honig der Ruch des warmen Brotes
Flaum der jungen Vögel

Der Glanz dieses Morgens
Die Flamme die dich gebar
Blau entspringt sie und stirbt im Keim
Erster Blick erstes Blut

In einem Feld rührenden Fleisches
Die ersten Worte des Glücks
Kühlen ihre Glut
Unter Schleiern von Tau

Und der Himmel ist auf deinen Lippen.

Nackt bist du so natürlich wie eine deiner Hände,
glatt, irdisch, klein, vollkommen, transparent,
Mondlinien hast du, Apfelwege,
nackt bist du wie der nackte Weizen schlank.

Nackt bist du wie die Nacht auf Cuba blau,
hast Ackerwinden und Sterne in deinem Haar,
nackt bist du unerhört und gelb
wie in einem goldnen Kirchenraum der Sommer,

Nackt bist du wie ein Nagel von dir klein,
gebogen, zart und rosig, bis der Tag anbricht
und du ins Unterirdische der Welt eingehst,

wie in einen langen Tunnel aus Kleidern und aus
Arbeit:
deine Helligkeit verlischt, bekleidet sich, entblättert,
um wieder eine nackte Hand zu sein.

WILLIAM BUTLER YEATS

EH NOCH DIE WELT BEGANN

Wenn ich die Wimpern schwärzer
Und die Augen glänzender mache
Und die Lippen scharlachrot
Oder mich fragend anlache
Von Spiegel zu Spiegel,
Nicht Eitelkeit ists dann:
Ich suche mein Gesicht, das war,
Eh noch die Welt begann.

Und blick ich auch auf einen Mann,
Als seis mit Liebesblick,
Wenn ich doch kalten Blutes bin
Und mein Herz unbewegt,
Was hält er mich dann für grausam
Und daß ich betrügen kann?
Ich will, daß er etwas liebt, das war,
Eh noch die Welt begann.

PAUL ÉLUARD

MIT DIR

Ich halte die Straße wie ein Glas
Voll von verzaubertem Licht
Von leichten Worten
Grundlosen Gelächtern
Die schönste Frucht der Erde

Die Spaziergänger sind aus Stroh
Die Vögel aus blauem Nichts
Ein Mädchen schmal und blaß
Und immer so sorgenvoll
Kommt unvermeidlich dazu

Kleines Mädchen von altersher
Es gibt meinen Träumen recht
Es schickt sich in meine Wünsche
Und wacht ein Abglanz der Kindheit
Über den Goldstrom der Straße.

GUILLAUME APOLLINAIRE

STÄNDCHEN GESUNGEN AN LÄTARE EIN JAHR SPÄTER

Nun ist es Frühling komm Pâquette
Wir gehn spaziern im hübschen Wald
Die Hühner gackern um die Wette
Das Frühlicht lugt aus rosigem Spalt
Die Liebe legt dich an die Kette

Venus und Mars sind heimgekehrt
Sie küssen sich mit trunknem Munde
Die Fluren liegen unversehrt
Rosige Götter ziehn die Runde
Nackt unter Rosen unbeschwert

Komm meine Zärtlichkeiten zwingen
die schönen Blüten auf den Plan
Natur will uns zu Herzen dringen
Im Walde bläst die Flöte Pan
Die glitzerfeuchten Frösche singen

Zehntausend Morgenröten, mein Engel, zehntausend Morgenröten
Zehntausend mal hat das Auge der Sonne
Unsre Lider geöffnet

Zehntausend Morgenröten
Für diese einzige Nacht unsrer Liebe
Dein gemeißelter Kopf in meinen Armen
Der wuchernde Garten deiner Haare
Leuchtend von zehntausend Rosen

Oh welch ein Gefunkel!
Und die zehntausend Stimmen der Wellen!
Wie viele Monde sind vorbeigezogen
Zuweilen zerflossen zuweilen traurig
Um über uns die Ekstase des Schnees zu breiten

Und Greise liehen uns ihre Augen
Und Kinder haben unsre Herzen gegessen
In den zehntausend Träumen der Liebe

Zehntausend Morgenröten, mein Engel, zehntausend Morgenröten
Zehntausend Eier voller Vögel und Lieder
Zehntausend Sonnendotter
Wiegen wohl heute den Tod auf
Den einzigen mit den hunderttausend Gestirnen

Meine Häßliche, eine zerzauste Kastanie bist du,
meine Schöne, herrlich wie der Wind bist du,
meine Häßliche, von deinem Mund kann zwei man machen,
meine Schöne, frisch wie Wassermelonen sind deine Küsse.

Meine Häßliche, wo verbergen sich deine Brüste?
Sie sind so klein wie zwei Weizenkornkelche.
Mir gefiele es, dich, zwei Monde auf der Brust, zu sehen:
mächtige Türme deiner Souveränität.

Meine Häßliche, das Meer hat nicht in seinem Zelt deine Nägel,
meine Schöne, Blume für Blume, Stern für Stern,
Woge für Woge habe ich, Gliebte, deinen Leib gezählt:

meine Häßliche, ich liebe dich deiner goldenen Hüfte wegen,
meine Schöne, ich liebe dich wegen einer Falte auf deiner Stirn,
Liebe, ich liebe dich, weil hell, weil dunkel du.

du schläfst und liegst bei deinem haar
dein weißes bein ist aufgestellt
und ich, darauf es ruht, ich bin die welt
bedrückt von deinem schlaf, bin die gefahr
die leise deinen traum in atem hält.

du schläfst und liegst bei deinem haar
ich hab ein flüstern in dein ohr gebettet
es spricht zu dir, daß ich der abend war
die trunkenheit, das zittern im pessar
es spricht zu dir die sprache, die mich rettet

ERNST JANDL

LIEGEN, BEI DIR

ich liege bei dir. deine arme
halten mich. deine arme
halten mehr als ich bin.
deine arme halten, was ich bin
wenn ich bei dir liege und
deine arme mich halten.

7. 5. 56

PABLO NERUDA

IMMER

Was vor mir war,
weckt keine Eifersucht.

Komm mit einem Mann
auf dem Rücken,
komm mit hundert Männern in deiner Mähne,
komm mit tausend Männern zwischen deiner Brust
und deinen Füßen,

komm wie ein Fluß
voller Ertrunkener,
der den rasenden Ozean findet,
den ewigen Gischt, die Zeit!

Bring sie alle her,
wo ich dich erwarte:
immer werden wir einzig sein,
immer nur du und ich
allein auf der Erde,
um das Leben zu beginnen!

ERNST JANDL

DU

ich sage
du

langsam
sage ich
du

ganz langsam
sage ich
du

ein ganzes
langes
ausatmen
lang
sage ich
du

MIT DEM SPEER WERFEN
in ein fremdes Herz und
das untergehende Auge sieht zu
mit gefesseltem Geist
durch die Stadt gehen
über die Brücke unter Abendrosen
mit den Händen festhalten
deine Stirn deinen Fusz dein Herz-Blatt
wie ein Eichenblatt im Herbst nach dem
Ausritt
mit dem Kahn treiben
auf einem blauen Teich den es nicht gibt
dein Gesicht schwebend in meinen Händen
mit den gelösten Nachtigallen
dein Herz ansingen tag- und nachtlang
bis es still wird wie Wolken im September

ERNST JANDL

DER HAUCH

mir gefallen

mir gefallen sie auch

die sterne die sterne

der bauch

der hügel die haare die haut

der duft der luft

aus deinem in meinen

appetit

GABRIELE WOHMANN

MUND-ZU-MUND-BEATMUNG

Da fiel mir auf
Endlich, zum Glück:
Ich spürte dich
Als Ruck in mir
Austausch, Verschiebung
Wir Schachfigürchen
Ich stand ganz still
In deinem Feld
Und dein Geburtstag
Fand in mir statt
Dein Lebenslauf
Voll ausgeleuchtet
Verwundert und gerührt
Bedachte ich dein Atmen
Will nie und nimmermehr
Für selbstverständlich halten
Daß du das bist
Da nebenan
Jetzt bist du an der Reihe
Jetzt sollst du dran sein
Gleichzeitig Kind und Bursche
Alter Mann, Großvater
Vater, winzig kleiner Sohn
Wie konnte ich
Dich so vergessen
Ein Leben lang
Dich übersehen
Bei Kleinigkeiten
Riesengroß
Ich habe dich
Wie Zubehör
Gepäckstück und Bestandteil
Mitgezählt, vor diesem Ruck
Dich über mich befragt:

Wann fahre ich
Wie seh ich aus
Was wird mir denn
Dann gut tun, wo
Gibt's was zu trinken
Zu essen, denken
Im Spinnweb dort
In meinem Kopf
Nur ich, mein Herz
Wie schlägt es jetzt
Wo kann ich bloß
Aus mir heraus
Zu dir, ich stehe
Von nun an voller Freuden
Ganz nah, schau zu
Bei dir und Mark und Bein
Das ist doch dein
Und nur dein Pulsschlag
Daß schon der nächste folgt
Hat mir den neuen Schlag versetzt
Mich ärgert diese Uhr da
Das Kirchenjahr, Vergehen
In deinen lieben guten
Nicht angelegentlich genug
Von mir betreuten kleinen
Erwartungsvollen Adern.
Ich bin an deiner Seite
Vor rührung fast erstickt
Du siehst, ich sehe das,
Unschuldig aus
Und auch den Spielfilm an
Dein Leben von der Wiege
Bis hierhin, dicht zu mir
Gutartig unbeachtet

Du fändest: ach es lohnt kaum
Sich für mich zu ereifern
Wie Mund-zu-Mund-Beatmung
Bedrängt dich jetzt mein Blicken
Du aber wünschst geduldig
Dir weiter keinen Aufwand
Für dich, ich will ihn trotzdem
Mit großer Wucht betreiben
Jetzt soll es
Ewig bleiben.

GÜNTER GRASS

DOKTOR ZÄRTLICH

Fehlt was?
Was fehlt denn?
Dein Atem im Nacken.
Etwas, das lutscht kaut leckt.
Die Kälberzunge, der Mäusebiß.

Es geht ein Wunsch um die Welt nach Nuschelworten,
die keinen Sinn geben.
Kinder lispeln ihn, Greise, die unter der Decke
mit ihrem Daumen für sich bleiben.
Und deine Haut, nun befragt, erschrickt unterm Test:
Scheu, die im Dunkeln (als uns Gesellschaft verging)
nicht abgelegt wurde.

Jemand heißt Doktor Zärtlich
und lebt noch immer verboten versteckt.

Was fehlt,
nennt die zählende Wissenschaft: Streicheleinheiten,
für die es keinen,
vorerst keinen Ersatz gibt.

LUDWIG FELS

INVALIDEN-SONNTAG

Dein Körper im Gras
verspricht mir
eine private Revolution.
Deine Schwielen, Geliebte, die Narben
der Schlaflosigkeit in deinem Gesicht
zeugen immerzu von deiner Herkunft.
Ich lächle
mit den mir verbliebenen Zähnen
und kaue einen Halm
bin glücklich.
Wir sind geschunden
und erholen uns zu zweit.
Hinter den Getreidefeldern
ragen die Fabrikschlote empor
und erinnern uns dran, daß heute Sonntag ist.
Wir erschöpfen uns in Leidenschaft
und werden die ganze Woche
nur noch zur Hälfte tauglich sein.
Fünf Tage lang
kann ich dich nicht im Büro besuchen
und samstags
mußt du mit mir
durch die Läden rasen
damit wir den Kantinenfraßgeschmack
mit Obst, Salat, Gemüse tilgen können.
Und wenn wir alt sind
werden wir nicht gelebt haben
wenn uns weiterhin
die Zeit vorgeschrieben wird.
Aber jetzt
sind wir noch ein bißchen jung
jedenfalls jünger, als wir es später
noch sein werden können.
Komm zwischen die Blumen

und klatsche den Mohn
an dessen Duft du dich schläfrig atmest.
Ich beschütze dich vor Insektenstichen.
In der Natur
begegnen wir keinem Vorgesetzten.
Auch mit den Ameisen vergleichen wir uns nicht
obwohl sie vernünftige Tiere sind.
Denkst du dir auch, daß wir
viele wären, die anfangen könnten
und noch mehr würden
bei der Beendigung der Verhältnisse?
Bis wir uns die Lohntüten abholen dürfen
ist unser Sonnenbrand
längst wieder verblaßt.

HELGA M. NOVAK

LIEBE

und die Haare in deinen Achselhöhlen
die schmecken nach Salz und Schweiß
du – mein Geliebter – und bloß du
du brennst in den Spalten
flaches Glitzern läuft deine Arme entlang

ein Pferd versank im Flußsand
die Stuten standen herum und wieherten
betrübte Augen – zuletzt fiel die Nässe
in seine apfelgroßen Nüstern
so lange roch es nach den Pferdeweibern

ich rieche dich und ich will dich
wenn ich dich ansehe bestehst du
aus lauter Sonnen
und du scheinst die sauberste
Anschaffung der Erde zu sein

ACHIM WANNICKE

GAR NICHT ZIMPERLICH

Komm
und schlaf mit mir.
Laß uns tausend tolle Sachen machen
so daß alle Teddybären lachen
und dein Kater eifersüchtig wird.

Komm
und schlaf mit mir.
Ich will auf deinen Herzton hören
es wird uns niemand dabei stören
nur der Kaktus wackelt mit.

Komm
und schlaf mit mir.
Alte Beatlesplatten fetzen Rock 'n' Roll
die Gläser sind mit Rotwein voll
an allen Ecken stehen Kerzen.

Komm
und schlaf mit mir.
Ich will dich ja gar nicht für immer
doch für heute füllen wir das Zimmer
mit ganz viel Liebe aus.

MARIE-LUISE KÖNNEKER
FÜHL-GESCHICHTEN

Meine Finger
in deinen Federlocken
und die Narben
am Rücken entlang
streichend
zitternde Schulterblätter

Wann denn mal wieder
denkst du beim Lesen des Gedichts

LUDWIG FELS

ANNÄHERUNGSVERSUCH (NOCHMAL FÜR ROSY)

Im Süden steht dir dein Blond.
Dort bleicht es die Sonne
hier färbt es der Schnee grau.

Am Strand und im Wasser
schmiegt sich der Wind an deine nackte Haut.
Daheim bin es nur ich.

Vor fremden Tellern
und unbekanntem Essen
erscheinst du ausgeruht und
sprichst von allem
was du in der Fabrik verschweigen mußt.

Im ungetrübten Licht
erhitzt du dich rasch
und ich vergesse den Platz
an dem wir uns sonst befinden.

Ein paar Tage im Jahr
denkst du an die Ewigkeit
und schwankst zwischen Glück und Trauer.

Wir bezahlen und sind trotzdem noch dankbar.
Das ist der Unterschied
zwischen hier und dort.

In jeder Muschel und
unter jedem Sandkorn
entdeckst du die Liebe.

Nachts versteckt sich der Mond.

FRIEDERIKE ROTH

NATURGEDICHT (FÜR MANFRED ESSER)

1
Da also liegt ein Stein
und dort.
Was alles zu erdichten noch wäre.
Ein endloses Gewebe
wenn es
das gute Glück so fügt:

2
Manches kommt, manches geht
und drüber liegt eine leuchtende Ruh'.
Alles ist bald gesagt.
Wir handeln vom einen
und gehn zum andern leicht über.
Den Himmel
vertauschen wir mit der Erde
und Könige
lassen wir barfuß.

3
Wie wir auf Süßklee liegen
und in den Himmel sehn
als wär' er harmlos.
Altes blendet uns nicht.
Wir haben
nämlich diesen Pilz gegessen
und können jetzt fliegen
ganz ungereimt und frech.
Laß uns
für einen kurzen Augenblick ans Meer:

4
Setz' du die guten Gedanken fort
ich kümmer' mich ums Erzählen.
Kommt der Genuß von den Sätzen
oder der Liebe?
Wieso denn schon wieder
das Salzwasser in den Augen?

5
Unser Lieblingsfach:
die unmögliche Narretei
nämlich die mit dem bleiernen Wesen.
Ich hab ja alle
die Fäden fallen lassen.

6
Heruntersteigen
in einen flachen Grund
der immerhin grün
ist sehr gefährlich.
Widriges Wurzelgekriech'
und Schreie von weitem:
Schmutzige Sachen getrieben
die Bettücher versaut.
Da geht die Sonne schon unter.

7
Der Himmel sinkt zurück.
Für ihn hätt' ich doch alles getan.
Die Natur
ist aber wie immer die Alte.
Das Spiel
(es geht darum, wie einer
den andern fängt)
sieht schön aus und meisterlich:
wie es die kuriosesten Szenen macht.

8
Es muß am Pulsschlag liegen:
mit den Wochen
geh'n Jahrhunderte durch uns durch
und ziehn
uns die Trommeln über die Ohren.

9
Der alte Weg, das alte Bett.
Wir brüllen vor Lachen
verbieten der Natur
und allen ihren Pilzen, Steinen
ja ihrer Alleskönnerei
uns zu erfinden.

10
Erdichtete Menschen
woll'n wir um alles nicht sein.
Eher erdichten wir eine Natur:
Komm her, meine Schöne
der König will tanzen
barfuß mit dir durch die Stadt.
Ich hab' sie grade gebaut.

GÜNTER HERBURGER

Wenn ich im Wasser der Flüsse lag
und keuchend durch die Wirbel stieß
ahnte ich die Schönheit ihrer Glieder
als sie sich auszog unter den Zweigen
schüchtern vom Laub gefleckt
wie sie das Knie aus dem Rock hielt
und wechselnd die Arme hob
dieses magere Kind das sich schämt unterm Himmel
ich muß trainieren
muß jeden Fluß prüfen an dem ich entlangfahre
denn leuchten soll meine Haut im Schaum
zwischen den Wällen der Weiden
jetzt schwimmt sie vor mir
endlich darf ich die Anstrengung sehen
wie sie im Wasser schnellt
und wie sie auch später sich biegen wird
auf der riesigen Wiese hinter dem Wald
wo wir allein sind
ich und mein knochiges Lamm im Gras
ein Wunder für den der noch Mut hat

LUDWIG FELS

EUPHORISCHES MITTWOCHABENDGEDICHT (FÜR MEINE FRAU ROSY)

I
Baby
das sag ich zu der alten Nutte
die mir seit der Pubertät im Hirn rumfickt
herrlich Baby
sie sieht dir so ähnlich wie ein Hund
seinem Schwanz
wenn ich sie zu fassen kriege
bei dir Baby
wunderbar
dann werden meine Poren zu Löchern
und mein Schweiß wird
nach Penis und Sperma riechen
und nach dir
Baby
und nach dir.

II
Wen meine ich denn du
geile Hure in meinem Kopf
oh Phantasie du bist geliebt
wollüstig geliebt
du bist eine Frau
Baby
und trägst Hosen aus grünem Cordsamt
die andern Männern drehen sich um
auf der Straße und im Lokal
nach dir Baby
ich aber fick dich.

III
Erzählen die Weisen
die man immer trifft

bei meiner alten Hure im Kopf
sie warten auf bessere Zeiten
die nie kommen
mit mir Baby
oder sie warten, daß die Straßenbahn fährt
oder irgendeiner ein Bier spendiert
für die geile Nutte in meinem Hirn.

IV
Was man hat, wird man nicht los
so stinkscharf ist meine verknöcherte Seele
oh Baby du bist geliebt
bist ein Jahr in der Zeit und
ein Bett und eine Pille
fabelhaft
hab ich dich beleidigt
Baby
oder gesagt
du kotzt mich an
nein, Baby, nicht wahr
ich mag dich wirklich gern
wie das Bild der züchtigen Puffmutter
gebenedeite Jungfrau
die du warst.

V
Ach Baby ach Baby
du schreibst mir nette Briefe und
den Abschied in den Wind
du gibst mir Rauchzeichen, wenn du glühst
im Beischlaffieber
du bist so grell in deiner weißen Haut
und erschöpft und dankbar
ich sing zotige Lieder

unter den Fotos nackter Frauen
sexy Baby.

VI
Deine Kleider passen auch mir
zieh mich an und schick mich fort
Baby wo
ist der Abend und wo ist die Nacht
und dein schwarzer Mantel aus Katzenfell
es ist so kalt da draußen
ohne dich
und die Wärme des Schlafes
was soll ich denn suchen
Baby, sag es mir.

VII
Baby
halt mich ganz fest
die Trümmer und die Fetzen
die Wolke aus Lachgas und
das eiternde Fleisch und die blasige Zunge
und sie
die fette Frau meiner Träume
töte sie, Baby
denn sie ist schuld daß ich dich liebe
schmerzhaft wie ein gezackter Hornsplitter
wie später die Fischgrätentränen
unserer Kinder.

VIII
Laß mich atmen bevor
dein Gewicht mich erdrückt
laß mich rudern und einen Kreis
aus Regenbögen ziehen bevor

der Frost die Tinte eisig bläst
laß mich sterben, bevor ich weiß was Leben ist
durch dich
Baby
auf dir möchte ich
laß mich meine Mutter ficken
damit sie Kinder kriegt
wie du eines bist
Baby
laß mich etwas wünschen bevor
die Weisen Märchen erfinden
besoffen in der Straßenbahn
und traurig
weil sie an morgen denken
und von gestern noch lustig sind.

Oh
Baby
jetzt hast du mich
oh.

FRIEDERIKE MAYRÖCKER

MANCHMAL BEI IRGENDWELCHEN ZUFÄLLIGEN BEWEGUNGEN

streift meine Hand deine Hand deinen Handrücken
oder mein Körper der in Kleidern steckt lehnt fast
ohne es zu wissen
einen Augenblick gegen deinen Körper in Kleidern
diese kleinsten beinahe pflanzlichen Bewegungen
dein abgewinkelter Blick und dein Auge absichtlich
ins Leere wandernd
deine im Ansatz noch unterbrochene Frage wohin
fährst du im Sommer
was liest du gerade
gehen mir mitten durchs Herz
und durch die Kehle hindurch wie ein süszes Messer
und ich trockne aus wie ein Brunnen in einem heiszen
Sommer

ERNST JANDL

LIED

schlaf gut für mich
bis morgen
schlaf für mich;
schlaf für mich
denn ich möchte dich jetzt.
schlaf gut für mich
bis morgen
schlaf für mich;
schlaf für mich
denn du kannst erst morgen.
schlaf gut für mich
bis morgen
schlaf für mich,
denn ich möchte dich jetzt
und du kannst erst morgen.
schlaf gut für mich
bis morgen
schlaf für mich,
denn du kannst erst morgen
und jetzt ist die liebe.

12. 12. 54

LUDWIG FELS

VERLIEBTES GEDICHT

Jetzt bist du sieben Sekunden fort und die Katze weint.
Und ich warte und hör mir grobe Musik an.
Mir wachsen Kirschbäume im Magen. Du
bist beim Griechen, bei irgendeinem, wo
man essen kann. Mit vollem
Mund spricht man nicht, aber
schreiben, das geht, mit Tinte und Alkohol
nicht selten wie geschmiert. Hörst du, für dich
dies Gedicht, einfach so
und anders bin ich, wenn du wiederkommst
mich grinsend rumhärteln siehst. Morgen
früh geh ich von Reicheneck ins Tal
um was zum Feiern zu kaufen:
daß ich weg bin, bis du kommst
daß du dableibst, bis ich geh.

PETER HÄRTLING

DER LIEBENDE

Er erfand die Nacht.
Er erfand die Täuschungen des Atems
und die Vielfalt der Hände.

Er erfand die Tür,
die sich nur zum Hineingehn öffnet
und den Wind, der spricht.

Er erfand
ein paar Wörter,
die niemand ändert
und die sich dauernd ändern.

Wäre ich mit ihr schlafen gegangen,
hätte ich ein Zimmer kennengelernt,
das ich mir ausdachte,
wenn ich nicht schlafen konnte,
so
streichle ich ihre Wange,
spüre ihre Schenkel an den meinen,
so
verabschiede ich mich
mit meiner Fantasie,
die Türen öffnet
und zu lange wartet.

Ich habe früher viele Briefe geschrieben:
Ich möchte dich sehen,
bald,
komm morgen,
kämst du heute schon.
Habe ich es verlernt?
Oder ist,
was mich stumm macht,

gestiegen
und löscht die Adressen,
die ich bewohnen wollte?

UMARMUNG UND TÖTUNG

OCTAVIO PAZ

ZWEI KÖRPER

Zwei Körper Aug' in Auge
sind manchmal zwei Wellen,
und die Nacht ist ein Ozean.

Zwei Körper Aug' in Auge
sind manchmal zwei Steine,
und die Nacht eine Wüste.

Zwei Körper Aug' in Auge
sind manchmal Wurzeln,
in der Nacht verflochten.

Zwei Körper Aug' in Auge
sind manchmal Messer
und die Nacht ein Blitz'strahl.

Zwei Körper Aug' in Auge
sind zwei Sterne, die fallen
in einen leeren Himmel.

GABRIELA MISTRAL

PRESS NICHT MEINE HÄNDE.

Preß nicht meine Hände!
Die Zeit wird kommen, die lange dauernde,
des Ausruhn's mit viel Staub und Schatten
in den verflochtenen Fingern.

Du möchtest sagen: »Ich kann
sie nicht lieben, denn ihre Finger lösten sich schon,
wie aus der Samenhülle das Korn.«

Küß nicht meinen Mund!
Der Augenblick wird kommen, erfüllt
von erlöschendem Licht, da ich ohne Lippen
sein werde, auf nasser Erde.

Du möchtest sagen: »Ich habe sie geliebt,
aber ich kann sie nicht länger lieben, jetzt,
wo sie den Ginsterduft meines Kusses nicht mehr
atmet.«

Ängstigen würde es mich, dich sprechen zu hören,
und du sprächest im Wahn und blind.
Denn meine Hand wird auf deiner Stirne ruhen,
wenn meine Finger brechen,
und auf dein Gesicht, gezeichnet von Sehnsucht,
wird sich mein Atem senken.

Daher berühre mich nicht. Lüge wäre es,
zu sagen, ich schenkte dir meine Liebe
in meinen ausgebreiteten Armen,
meinem Mund, meiner Stimme;
und du, wenn du glaubst, du hättest alles getrunken,
du täuschst dich wie ein einfältiges Kind.

Denn meine Liebe ist nicht nur die Garbe,
widerspenstig, ermattet, meines Leibes,
der erzittert, wenn das Büßerhemd ihn streift
und mir zurückbleibt bei jeglichem Flug.

Im Kuß ist nicht nur die Lippe,
und die Stimme nicht nur Echo der Brust:
Meine Liebe ist Gottes Sturmwind, der meines
Fleisches
Zweig mir im Fluge spaltet!

PABLO NERUDA

DER TIGER

Ich bin der Tiger.
Laure auf dich im Laub,
zwischen Blättern, so strotzend
wie Barren feuchten Erzes.

Der weiße Fluß schwillt an
unterm Nebel. Du kommst.

Nackt tauchst du unter.
Ich warte.

Und dann, in einem Sprung
von Feuer, Blut und Zähnen,
reißt ein Prankenhieb dir
die Brust, die Hüften nieder.

Ich trinke dein Blut, breche
dir deine Glieder, einzeln.

Und dann halte ich Wache
im Urwald, jahrelang,
bei deinen Knochen, deiner
Asche, regungslos,
fern dem Haß und dem Zorn,
entwaffnet durch deinen Tod,
von Lianen umwuchert,
regungslos unterm Regen,
unerbittlicher Wächter
bei meiner Mörderliebe.

HERTHA KRÄFTNER

BESCHREIBUNG EINES GELIEBTEN

Ein Fremdling unterm Weidenbaum, nur mir vertraut.
Dürstendes Tier, immer zitternd vor Unruh und Stärke.
Träume – wandelnd durch sein schwarzes Blut –
wissen nichts von seinem Hirn;
nur sein Gefühl ahnt manchmal eine Treppe bis zum Mond.
Ausgesetzt jener Liebe, die die Einsamen haben:
das Herz sich zu durchbohren
und aufzufädeln auf ein Haar,
das die Geliebte in der Leidenschaft verlor.
Und immer hungernd nach dem bitteren Geschmack
von gelben Blumen, verloren vor der Zeit.
Verirrte Bilder hinterm Lid…
Und manchesmal schreckt er sich süß vor einem Wort,
das andere ihm sagen, weil er darinnen spürt,
wie alles ihn vertreibt.
Dann tastet er nach einem Weidenbaum,
nur mehr vertraut der Trauer. Nicht mehr mir.

OCTAVIO PAZ

GEKRITZEL

Mit einem Stück Kohle
Mit meiner zerbrochenen Kreide und meinem Rotstift
Deinen Namen zeichnen
Den Namen deines Mundes
Das Zeichen deiner Beine
Auf die Niemandswand
Auf die verbotene Tür
Einritzen den Namen deines Körpers
Bis die Klinge meines Messers
Blutet
        Und der Stein schreit
Und die Mauer atmet wie eine Brust

GABRIELA MISTRAL

GOTT WILL ES

I

Die Erde wird dir zur Stiefmutter,
wenn deine Seele meine Seele verkauft.
Einen Schüttelfrost aus Trübsal
werden dir die Wasser herbeibringen.
Schöner war die Welt,
seit du dich mit mir verbündet,
wir wortlos unterm Weißdorn ruhten,
uns die Liebe wie die Weißdornblüten
mit ihrem Duft durchdrang!

Die Erde aber wird dir Schlangen keimen,
verkaufst du meine Seele.
Ich zerbreche meine öden Knie,
die mir ein Kind nicht tragen.
In der Brust erlischt mir Christus.
Meine Haustür zermalmt
dem Bettler die Hand,
scheucht die Gequälte hinweg!

II

Jeder Kuß, den dein Mund gibt,
hallt wider in meinem Ohr.
Die tiefen Grotten
bringen mir deine Worte zurück.
Der Staub der Wege
bewahrt den Geruch deiner Fußspur.
Ich nehme sie auf wie eine Hindin,
folge dir über die Berge...
Die du liebst
malen die Wolken auf mein Haus.
Schleich zu ihr hin wie ein Dieb,
sie zu küssen im Schoße der Erde.
Sobald du ihr Gesicht erhebst,
findest du meins in Tränen.

III
Gott will nicht, daß dir die Sonne scheine,
es sei, du gehst an meiner Seite.
Gott will nicht, daß du trinkst,
wenn nicht ich erzittre im Wasser.
Er will nicht, daß du schläfst,
es sei denn auf meinen gelösten Flechten.

IV
Wenn du fortgehst – noch im Moos des Weges
zertrittst du meine Seele.
Hunger und Durst werden dich beißen
auf jedem Berg, in jeder Ebene.
Wo du weilst –
immer sind die blutenden Dämmerungen meine Wunden.
Und rufst du nach einer anderen Frau,
bin ich es, die dir von der Zunge träufelt.
Ich nagele mich fest in deiner Kehle
wie der Nachgeschmack einer salzigen Tunke.
Ob du haßt, du singst, du dich sehnst –
immer schreist du nur nach mir!

V
Wenn du gehst und fern von mir stirbst,
wird deine Hand sich unter der Erde krümmen,
zehn Jahre lang,
um meine Tränen aufzufangen.
Du wirst spüren,
wie dein gequältes Fleisch erschaudert,
bis sie den Staub meiner Knochen
dir auf das Gesicht streuen.

PABLO NERUDA
DIE VERFEHLUNG

Wenn dein Fuß noch einmal fehlgeht,
wird er abgehauen.

Wenn deine Hand dich
auf einen anderen Weg führt,
fällt sie verfault zu Boden.

Wenn du mir dein Leben entziehst,
stirbst du
bei lebendigem Leibe.

Als Tote oder als Schatten
wirst du ohne mich dann durch die Welt gehn.

URSULA KRECHEL
TIERGARTEN IM WINTER

Hügel aus Stummheit zwischen uns
der klamme Atem wärmt die Luft
nur einen Augenblick. Siehst du die Siegessäule?
Ein fernes Schimmern durchs Gerüst, ihr Blättergold
krustet dürftig gegen die Fichten
in totgestellter Pose eingekeilt.
Hier nist ich mich ein
mit toten Sätzen voller Sucht nach Leben
ein loser Vogel zum Gespött der Spatzen
hier wart ich all den Winter
auf eine Tat von dir, die wärmt.
Hier warf ich Eicheln Nüsse Bucheckern
die trafen nicht auf dich
hüpften wie bare Münzen, da tats mir leid
um Eicheln Nüsse Bucheckern, auch um dich
da schlief ich ruhig ein
mondlos mit gesträubtem Nackenhaar.

Am Morgen dann ein Zittern, eine Wand
voller Schwarz der Himmel, ein Kreischen Flattern
Kolkraben in der Luft
die klagten, warnten
mir um die Ohren. Da wollts mir noch im Schlaf
raus aus dem Ohr, wos reingekommen war.
Doch horch ich auf die großen schönen Tiere
die kreisen kreisen kreisen
aufgeschreckt gegen die Nebelschleier
mit aufgerissenen Schnäbeln tapp ich mich schuhlos
Kolkraben kreischen
unter dem Efeu lagst du
dein schönes Fell aus Lamm zerrissen blutbefleckt
einbeinig neben dir die schlafende Hyäne.

unverwandt starrst du mich an
von fern deiner inneren ödnis
von fern dem versteppten verlangen.
nach dem uralten brauch
der umarmung und tötung
kriechst du herauf an dem auge
trägst du im auge ein unerbarmbares glänzen
aber findest mich blind.
findest mich ebenso blind.
findest mich ohne erbarmen

HELGA M. NOVAK

LANGE NICHT GESEHEN WORDEN

rote Katzenhaare in meiner Suppe
und schwarze die sind von dir
ja du bist lange nicht gesehen worden
es kommt zuweilen jemand vorbei
und flüstert zaghaft deinen Namen
dem teile ich kaltblütig mit
ich habe ihn gefressen mit Haut und allem
mein Herz ist eine Mördergrube

ERNST JANDL

VOR DAMALS

zwei, die einander alles bedeuten.
alles, was ist das?
alles, das ist die welt.
und was ist die welt?
zwei, die einander alles bedeuten.
heute wie gestern wie damals.
und alle jahre seit damals
als sie einander dazu bestimmten
einander alles zu bedeuten.
und am tag vor damals?
und in den jahren vor damals?
was hatte vor damals bedeutung
ohne diese kannibalische liebe?

2. 6. 63

Ich habe deine Spuren gesucht
auf dem zerknüllten Bettuch.
Ein Geruch von Kälte
ist immer unter den Träumen begraben.

Noch verdeckt dein Körper
den Spiegel über dem Waschbecken.
Vielleicht finde ich dich
nur deswegen nicht.

Aber ich verkenne das Gewicht des Regens
und das Gewicht des Hemdes
und die Nummer des Güterwagens
und die Natur der Abmachung.

An meinen Schuhen
sehe ich etwas Blutiges.
Dann weiß ich
ein Tag hat angefangen.

GABRIELE WOHMANN

PSALM 90, 12

Wie unvernünftig
Menschen zu lieben!
Sehr töricht, HERR LEHRE UNS
Mein Kleines, mein Kindchen
Daß du wachsen wirst
Du wirst immer älter
Daß ich dich so gern habe
Ist ein stetiger
Seelenselbstmordversuch
BEDENKEN
Winziger Greis du
Du Vorfahre, Urahn
Mit dem Totenbettblick
Deiner eigenen Mutter
Daß wir sterben müssen
Windeln als Leichentuch
Laß uns sterben spielen, komm!

EINGEKAUERT

GÜNTER GRASS

STILLER ABEND

Was ich noch sagen wollte: Nein.
Beim Verkriechen fotografiert werden.
Wie hieß doch bloß? Wie hieß doch bloß?
Scheintote kratzen sich.
Keiner will zuerst schlafen gehen.
Was ich nicht will,
  rollt, zwischen Jubel,
    auf mich zu.
Spruenverwischen.
  Zwei Amseln auf Dachziegeln:
    gelbe Schnäbel.
Doch Feuergeben erhellt nur doppeltes Zittern.
Gegenstände werden härter abgestellt als gewollt.
Nachgießen.
  Einverständnis.
    Danke.
Die Heizung verplaudert sich.
Wenn ich jetzt aufstehe,
  hin und her gehe,
    vor mich hinrede:
Vom sozialen Wohnungsbau...
  Vom Prämiensparen...
    Von Deiner Verwandschaft...Nein.
Konfekt wird weniger.
Finger lassen Papier krachen.
Zwischen der Post versprechen Reiseprospekte
Gewöhnung
  oder klärende Aussprache
    oder beides am Meer mit Sandstrand.
Oder den Brief portofrei schreiben: Die
Hausmitteilung.
Räuspern.
  Den Bodensatz schwenken.
    Süßes wehleidig lutschen.

Telefon hilft: Wir kommen gerne.
Die schlafenden wachsenden Kinder.
Langsamer,
   von Berufssorgen gehemmter Verkehr
      mit der Zimmerdecke und ihren Haarsprüngen.
Aushalten.
   Nichts zerreden.
      Gezänk auf Flaschen ziehen, verkorken.
Zwischen dem schweigenden Paar ist viel Platz.

FRIEDERIKE MAYRÖCKER

EINE EISERNE ROSE DIESER WINTER

der nirgends endet
haben wir nicht alles gehabt, alles Spanien; den ganzen
Nordpol; das
vergilbende Heimatdorf;
o Europa Silberdorn; Raubtierzähnchen unsrer Welt;
Gärten verstrebt; hingehaucht Wälder stiebend;
Wolkenhüter; Balkone zu
nassen Sommern
Geschenke des Nil; Einbrüche der Nacht; Flugprobe
der Krähen
Winter-Raben einsichtlos pickend
verloren an Gesichter die erzählen
hingegeben an Augen auf Reisen
eingewurzelt in Haut
eingewachsen in Wunden
bemoost Drangsal und Irrwisch –

(»... mein Herz: vielleicht ein leeres Zimmer; von
Gespenstern bewohnt ...«)

... aber die Hälse der Tier-Kinder (nur mit ihren
Hälsen seiend und
vielleicht mit der Undurchdringlichkeit
der Angst:
dunklen Augs;
aber die Sanftmut eines Kinds: Jackie; – Jonnie
spielt auf ...)

... ich lebe in deinem Leben ohne dasz du es willst
(»... von Bäumen und Wassern kann ich nicht lernen
...«)

die ganze Enzyklopädie blättert in meinem Schosz
und dein Zurückfallen in einen Schlaf aus dem du
eine Erinnerung an nie-bereiste Orte …
ungehörte Lieder –
Schlupfwinkel der Zukunft …

… im zornigen Verkehr einer zitternden Eis-Blume!

aber ja; aber ja; es wird ihn geben den Tag und durch
die Reisfelder des tauenden Frühlings schwankt
milchig und vollkommen schwer …

Rehe und Hirschkäfer Krähen versteift mutig kalt
eingedenk alljährlicher Überwinterung –

Ist auf und ab mein Weg; deine Locke ist Trauer;
und die Ringe haben wir längst
getauscht!

verfrüht meldet sich Unruhe an
… verlobend und eingekauert

(o! Jeremias)

Hier bin ich
jetzt und
jetzt schon
nicht mehr hier.

Hetzt Punkt
den Punkt, so schreibt
der Strich der Zeit
die Allgelassenheit.

Wo ruht sich Liebe aus?
Ich bin bei dir zu Haus.

Hier bin ich
jetzt und
jetzt schon
nicht mehr hier.

LUDWIG FELS

WAHNSINN IM GEVIERT

Meine Frau
die nur ich so nennen darf
ist ausgegangen
ins Kino, glaube ich
und die Engel fliegen rückwärts.

Ich färbe mir die Eier
und denke entschlossen an Ostern.
Raten sind zahlbar.
Als wenn ich das je bestritten hätte
obwohl ich keine blasse Ahnung habe
von den Leuten
denen ich Geld schulden soll.
Daheim ist es zwar nicht hundertprozentig
dafür aber immer.

GABRIELE WOHMANN

GEMEINSAME SACHE

Ein glücklicher Tag und die dunstigen Berge
Der Sommer, so plötzlich, ein Anfall von Hitze
Und rechts von der Fahrbahn, wie richtig
Wie Holland und Westen und Regen schon morgen
Genügend verschleiertes Flachland
Nur jetzt noch, jetzt schnell noch
Das dauert nicht länger.

Wie gern wir uns haben: ich hatte das gern
Ich sah uns von oben, wir glichen zwei Lieben
Die demnächst, verstorben, ein Andenken, Abdruck
Erinnerung werden, ich habe dich gern
Wie Gesetzestreue, mein Ausbruch von Liebe
Vor Liebe neuralgisch, ein Schmerz, so wie heute
Wie Sommer so plötzlich, ein Anfall von Wachsein
Und jenseits der Fahrspur die übliche Ruhe
Das übliche Unglück – nur weiter, nur ohne
Uns beide, uns beide erwischt bei dem Rückfall
Dem Glücksfall, bei Fahrtwind und zügig
Erschrocken von Kindheit: zurück zu den kleinen
Und alten Verwandten, wie zärtlich, mein Guter,
Wie sehr wir gemeinsame Sache machten
Zwei herzliche Tote in Hochzeitskleidern
so triftig PAARWEISE und etwas zum Lachen
Wie alle sehr innigen Eheleute
Die in ihren Autos streng ernsthaft vorausschauen
Das dauert doch länger, nicht lange, nicht ewig –
Überholen, Richtung Süden, die Ausfahrt
Sehr sonnig, sehr hellgrün, sehr plötzlich
Wie überraschend: eine ganz und gar
Nicht gewöhnliche Todesanzeige.

GÜNTER GRASS

EHE

Wir haben Kinder, das zählt bis zwei.
Meistens gehen wir in verschiedene Filme.
Vom Auseinanderleben sprechen die Freunde.
  Doch meine und Deine Interessen
  berühren sich immer noch
  an immer den gleichen Stellen.
  Nicht nur die Frage nach den Manschettenknöpfen
  Auch Dienstleistungen:
  Halt mal den Spiegel.
  Glühbirnen auswechseln.
  Etwas abholen.
  Oder Gespräche, bis alles besprochen ist.
Zwei Sender, die manchmal gleichzeitig
auf Empfang gestellt sind.
Soll ich abschalten?
  Erschöpfung lügt Harmonie.
  Was sind wir uns schuldig? Das.
  Ich mag das nicht: Deine Haare im Klo.
Aber nach elf Jahren noch Spaß an der Sache.
Ein Fleisch sein bei schwankenden Preisen.
Wir denken sparsam in Kleingeld.
Im Dunkeln glaubst Du mir alles.
Aufribbeln und Neustricken.
Gedehnte Vorsicht.
Dankeschönsagen.
  Nimm Dich zusammen.
  Dein Rasen vor unserem Haus.
  Jetzt bist Du wieder ironisch.
  Lach doch darüber.
  Hau doch ab, wenn Du kannst.
  Unser Haß ist witterungsbeständig.
Doch manchmal, zerstreut, sind wir zärtlich.
Die Zeugnisse der Kinder
müssen unterschrieben werden.

Wir setzen uns von der Steuer ab.
Erst übermorgen ist Schluß.
Du. Ja Du. Rauch nicht so viel.

FRIEDERIKE ROTH
EHE

Die Frau beschimpft ihn
und er sieht nur so aus dem Fenster.

Einmal war sie
ein schönes stilles Mädchen
schwarzweißes Wachsfräulein
mit feinen Armen, Händchen
die hielten ihn, den Kenner, fest.

Jetzt ist ein eignes Fest in ihren Augen
Erinnerungen von weit her:
    Großmutters Truhen geöffnet.
    Der Himmel
    lag auf den Hügeln vor der Tür.
    Und dahinein das Mädchen
    das einmal Brombeerpflücken ging.
    Und sie war dieses Mädchen.
    Was für ein Glück hätt' können sein
    wenn ein's gewesen wär.
Fort und fort
ein enthauptetes Leben
das wer verschuldet haben soll.

Er weiß von nichts.
So nimmt er's eben an
und seine Augen werden immer kleiner.

Fast Nacht um ihn.
Darin ist ausgestellt
feinsäuberlich der Herd, der Tisch, das Bett
gänzlich vermummt die Frau
und ohne Eingeweide
wie er selbst.

Er schließt die Augen.
In ihren liegen fremde Tränen eh.

PETER HÄRTLING

ALTE LIEBE

Woher weißt du,
daß meine Knie
schmerzen,
daß Knoten meine
Finger teilen,
daß mir mein Atem
Mühe macht,
wenn ich dich liebe.
Woher weißt du,
daß ich fremd
gehe,
wenn ich heim will?

HELGA M. NOVAK

RESIGNATION

noch sind die erstgebacknen Fladen nicht kalt
das Fett am Handgelenk ist nicht geronnen
ausgeatmet hat die Eintagsfliege kaum
der Kaffee und das Kindbett sind noch lau

da ist die Liebe aus – Anstand läßt die beiden
Totenwache halten bei den Gelöbnissen
denn Mehl und Brot sind allzu flott
im Preis gestiegen letzten Sommer

ROLF HAUFS

ALLE TAGE

Alltäglich sind unsere Erfahrungen:
Hornissen schwärmen aus
Die Stühle stehen in Brand
Die Märchen sind weitergereist

Alle Tage
Ertrinken die Fische
Und die Liebe
Die Liebe.

DAS STEILE
GOTTLOSE GEFÄLLE
VON DER ZÄRTLICHKEIT
INS ZERWÜRFNIS

HELGA M. NOVAK

KANN NICHT STEIGEN NICHT FALLEN

sieht so aus als hätte
ich das Fliegen verlernt
kann nicht steigen nicht fallen
flügellahm
sitze ich da und brüte
Liebeserklärungen aus

dabei gibt es eine Menge Vögel
die sich nie von der Erde lösen
und springen und stolzieren
mit gewölbten Federn
durch das wehende Gras

ich bin für heute ein Wasserhuhn
und suche dich im Schilf
wo du mit Sicherheit
an deinen vielen schwarzen Haaren
dich verheddert hast
denk bloß nicht ich mache dich los

LUDWIG FELS

LOVE STORY (LETZTE FASSUNG)

Du willst nicht mehr
sagst du.
Du hast es satt
das Ganze
alles
diese Wochenendliebe
diese Kaffeehausromanzen
die schlaflosen Nächte
die übersättigten Tage.
Du hast keine Lust mehr
sagst du
mich samstags nüchtern zu machen
mir die Zigaretten zu verstecken
meine Haare zu waschen
mein Bett zu machen.
Es reicht dir
sagst du
mit meinen Launen
mit meinen Selbstmordversuchen.
Du hast die Schnauze voll
sagst du
von mir
von meinen Unterhosen
von meinen Bierfahnen
von meinem Raucherhusten.
Du magst nicht mehr
sagst du
mein Schatz für zwei Tage sein
zwischen Kuchenkrümeln im Bett
und heulen, weil ich fertig bin.
Also gut
sage ich
warte noch.

GABRIELE WOHMANN

LIEBESGEDICHT

Den red ich nicht mehr an
Antworte knapp auf Fragen.
Diesem trage ich nach daß –
(So was Gemeines)
Wie oft er – das nehme ich dem übel.
Ganz zu schweigen von allem Nachteil durch –
Ich sage den Namen überhaupt nicht.

O doch
Im Gegenteil:
Ich bin geduldig, ich bin freundlich.

Hier steht jemand
Dem ich nichts nachtrage
Wie oft er – ich nehme es ihm nicht übel
Nachteil durch ihn ist mir recht
Fragen beantworte ich fast umständlich
Ohne Stimme
Rede ich ihn an.

ERNST S. STEFFEN

AN

Laß uns die einzigen sein.
Verbirg uns.

Komm, wir wollen
uns in die Trauer nisten,
die mir verbleibt.
Ich werde das Sehnen
auf halbmast setzen
mit kleinen Gebärden
und Dir Auswege zeigen.
Vielleicht ist doch zu entkommen.
Vielleicht werden sogar Schiffe
übrigbleiben.

Notfalls läßt sich das Ende
dosieren.

HELGA M. NOVAK

DAS ENDE VOM LIED

mein Herz macht einen Höllenlärm
die Grillen zirpen
der wilde Klee blüht weiß
meine Liebe ist aus den Fugen geraten
ich habe deine Haut satt wie altes Laub
ach setz mich in ein Lumpenboot
das in Lupinen ankert

meine Gedanken sind ein Scheiterhaufen
die Grillen zirpen
der wilde Klee blüht weiß
meine Liebe ist aus den Fugen geraten
die Traurigkeit verschlingt mich
jag mich davon
jag mich davon
ich bin ein feiges Weib
mein Blut fließt rückwärts heute

GÜNTER GRASS

MANZI MANZI

Zwischen getrennten Betten
ist auf Rufweite
von den Geschlechtern die Rede.

Ausreden! Laß mich ausreden.
Du hast nichts mehr zu sagen.
Du hast Jahrhunderte lang.
Dir schalten wir einfach den Ton ab.

Ohne Text bist du
nicht mal mehr komisch bist du.

Manzi! Manzi! rufen die Kinder
der Ilsebill aus dem Märchen nach.
Sie hat zerschlagen, was lieb und teuer ist.
Sie hat mit stumpfem Beil
das bißchen Einundalles gekappt.
Sie will aus sich, nur noch aus sich
und kein gemeinsames Konto mehr.

Aber uns gab es doch: ich und du – wir.
Ein doppeltes Ja im Blick.
Ein Schatten, in dem wir erschöpft,
vielgliedrig dennoch ein Schlaf
und Foto waren, auf dem wir uns treu.

Haß bildet Sätze.
Wie sie abrechnet, mich fertigmacht,
aus ihrer Rolle wächst, überragt
und zuende redet: Ausreden! Laß mich ausreden!
Und gewöhn dir endlich das Uns und das Wir ab.

Manzi! Manzi! stand in Tontäfelchen geritzt,
die als minoische Funde (Knossos, erste
Palastperiode)
lange Zeit nicht entziffert wurden.
Man hielt das für Haushaltsrechnungen,
Furchtbarkeitsformeln,
mutterrechtlichen Kleinkram.

Aber schon anfangs (lange vor Ilsebill)
agitierte die Göttin.

URSULA KRECHEL

WARNUNG

Komm aus der Höhe herab
steig mal von deinem Roß

sieh einfach zu und staune

wie ich den Kopf hebe
die Schultern, die Arme
davonfliege in klarer Luft
ohne mich umzusehen nach dir.

GÜNTER GRASS

INVENTAR
ODER DIE BALLADE VON DER ZERBROCHENEN VASE

Wir wollen uns wieder vertragen,
das Bett zum Abschied zerschlagen;
du hast zwar die Vase zerbrochen,
doch ich hab zuerst dran gerochen –
so kommt unser Glück in die Wochen.

Vom Fenstersims rollen die Augen,
ein Buch zerfällt im Spagat;
von Seite zu Seite böser
verlangen die Brillengläser
Andacht und sündige Leser.

Der Schrank springt auf und erbricht
die Hüte, erwürgte Krawatten,
die Hemden, wechselnde Haut,
auch Hosen mit brauchbarem Schlitz;
ein Bein ist des anderen Witz.

Das Bild will zurück in die Heide,
die Ansichtspostkarte nach Rom,
der Koks möchte schwarz sein nicht rot;
im Ofenrohr krümmt sich der Tod,
weil ihm der Erstickungstod droht.

Wer Zähne putzt, kann nicht beichten,
wer beichtet, riecht aus dem Mund
und hält die Hand vor, spricht leise:
Das Streichholz war meine Idee,
auch nehme ich Zucker zum Tee.

Der Tisch, nun zur Ruhe gekommen,
vier Stühle treten sich tot,
die Flasche schnappt nach dem Korken,
der Korken hält dicht und hält still;
ein Korken macht was er will.

Der Montag kommt wie die Regel:
des Sonntags peinlicher Rest
in alte Zeitung gewickelt;
wir trugen das Päckchen nach Hause,
ein jeder des anderen Pause.

Jetzt wollen wir alles verkaufen,
das Haus mit Inventar,
den Schall der süßen Nachtigall
aus gelben Tapeten befreien,
dem Schrank seinen Inhalt verzeihen.

Wir haben uns wieder vertragen,
das Bett zum Abschied zerschlagen;
du hast zwar die Vase zerbrochen,
doch ich hab zuerst dran gerochen –
so kam unser Glück in die Wochen.

FRIEDERIKE MAYRÖCKER

OSTIA WIRD DICH EMPFANGEN

ich werde in Ostia sein
ich werde dich dort erwarten
ich werde dich dort umarmen
ich werde deine Hände halten in Ostia
ich werde dort sein
in Ostia
ist die Mündung des Tiber
des alten Flusses

ich werde in Ostia nicht sein
ich werde dich dort nicht erwarten
ich werde dich dort nicht umarmen
ich werde deine Hände nicht halten in Ostia
ich werde nicht dort sein
in Ostia
ist die Mündung des alten Flusses
des Tiber

KOMM DUNKEL STUNDE EILE

PABLO NERUDA

DIE LIEBE

Was hast du, was haben wir,
was widerfährt uns?
Ach, unsere Liebe ist ein harter Strick,
der uns festzurrt, uns verletzt,
und wollen wir
unserer Wunde entrinnen,
uns trennen,
so schlingt er uns einen neuen Knoten und
verdammt uns,
daß wir zusammen verbluten und uns verbrennen.

Was hast du? Ich schaue dich an
und finde nichts an dir als zwei Augen,
genauso wie alle Augen, einen Mund,
verloren unter tausend Mündern, die ich küßte, die
schöner waren,
einen Körper gleich denen, die unter
meinem Körper glitten, ohne ein Erinnern zu
hinterlassen.

Und wie leer gingst du durch die Welt,
ein weizenfarbner Tonkrug
ohne Luft, ohne Laut, ohne Inhalt!
Ich suchte vergeblich in dir
eine Tiefe für meine Arme,
die unentwegt graben unter der Erde:
unter deiner Haut, hinter deinen Augen
– nichts,
unter deiner zwiefach gewölbten Brust
ein spärliches
gläsernes Rieseln,

das nicht weiß, warum es singend dahinrinnt.
Warum, warum, warum,
meine Liebe, warum?

GUILLAUME APOLLINAIRE
DER PONT MIRABEAU

Unterm Pont Mirabeau fließt die Seine dahin
Unsre Liebe auch
Ist Erinnern Gewinn
Aus traurigem Sinn wird fröhlicher Sinn

Komm Dunkel Stunde eile
Die Tage gehn ich verweile

Aug in Aug laß uns bleiben und Hand in Hand
Ach unter der Brücke
Der Hände schwand
Die Welle von ewigen Blicken verbrannt

Komm Dunkel Stunde eile
Die Tage gehn ich verweile

Die Liebe vergeht wie der Strom der wogt
Die Liebe vergeht –
Wie das Leben stockt
Wie heftig die Hoffnung uns hinreißt und lockt

Komm Dunkel Stunde eile
Die Tage gehn ich verweile

Die Tage gehn hin und die Wochen gehn hin
Vorbei ist die Liebe
Nun Zeit verrinn
Unterm Pont Mirabeau fließt die Seine dahin

Komm Dunkel Stunde eile
Die Tage gehn ich verweile

GABRIELA MISTRAL

DIE VERLASSENE

FÜR EMMA GODOY

Jetzt will ich der Bitternis
Land an mir erfahren
und deine Liebe fahren lassen,
die meine einzige Sprache war,
so wie der Fluß, der sein Bett,
seine Strömung und Ufer vergißt.

Wozu brachtest du Schätze,
wenn du nicht Vergessen hinzugabst?
Überfluß ist mir alles. Ich bin
mir überflüssig: festliches Kleid nicht zu gefeiertem Feste,
so sehr, o mein Gott, ist das Leben
mir überflüssig seit meinem ersten Tag.

Jetzt gebt mir die Worte,
die mir die Amme einst nicht gab.
Von Sinnen will ich sie
Silbe um Silbe herstammeln:
das Wort »Raub«, das Wort »Nichts«
und das Wort »letztes Geschehen«,
wenngleich sie sich winden in meinem Mund
wie bißverwundete Schlangen.

Ich hab' mich inmitten der Erde gesetzt,
mein Geliebter, inmitten des Lebens,
um meine Adern und meine Brüste zu öffnen,
um mich wie lebende Frucht des Granatbaums zu schälen
und der Gebeine rotes Gehölz zu zersplittern,
das dich geliebt hat.

Ich verbrenne, was wir besaßen:
die breiten Mauern, das hohe Gebälk,
einzeln reiß' ich sie ein
zwölf Türen, die du geöffnet,
und versperre mit Schlägen der Axt
den Brunnen der Freude.

Im Fluge will ich die Ernte zerstreuen,
die gestern erbrachte,
Weinschläuche leeren
und die gefangenen Vögel entlassen,
die Teile des Hofes
zu Boden reißen und häufen,
mit meinem Armen voll Wahn
die Spreu der Asche ermessen.

Wie ist es schmerzlich, wie ist es weh,
wie göttlich waren die Dinge,
und wollen nicht sterben und klagen im Sterben
und tun ihren lebenden Schoß auf!
Die Stämme verstehen und sprechen,
der Wein reckt sich hoch und hat Blick,
der Schwarm der Vögel steigt schwer
und zerfetzt wie Nebel empor.

Es komme der Wind, es brenne mein Haus
stärker als Wälder voll Harz.
Rotglühend und schräg stürze Mühle
und schützender Turm ineinander.
Feuerhell scheine die Nacht,
meine arme Nacht, scheine Tag!

PABLO NERUDA

WENN DU MICH VERGISST

Ich möchte, daß du
eines weißt.

Du weißt ja, wie das ist:
Betrachte ich
den kristallenen Mond, den roten Zweig
des säumigen Herbstes an meinem Fenster,
berühre ich
beim Feuer
die ungreifbare Asche
oder den runzligen Körper des Holzes,
bringt mich alles zu dir,
als wäre alles, was da ist,
Düfte, Licht, Metalle,
nichts andres als ein Schwarm kleiner Schiffe,
hinsegelnd zu deinen Inseln, die mich erwarten.

Nun aber,
wenn du allmählich aufhörst, mich zu lieben,
werde ich aufhören, dich zu lieben, allmählich.

Wenn du auf einmal
mich vergißt,
suche nicht nach mir,
denn ich werde dich schon vergessen haben.

Scheint er dir lang und irre lodernd,
der Fahnenwind,
der mein Leben durchweht,
und entscheidest du dich,
mich auszusetzen, am Rand
des Herzens, in dem ich verwurzelt bin,
so bedenke,
daß am selben Tag,

zur selben Stunde,
ich die Arme erhebe
und meine Wurzeln sich aufmachen,
einen anderen Boden zu suchen.

Doch wenn du
jeden Tag,
jede Stunde
empfindest, daß du für mich bestimmt bist,
mit unverrückbarer Süße,
wenn jeden Tag
eine Blüte aufsprießt zu deinen Lippen, um mich zu suchen,
ach meine Liebe, ach, Meine,
so wiederholt sich in mir all dies Feuer,
und nichts erlischt in mir, nichts wird vergessen,
meine Liebe nährt sich von deiner Liebe, Geliebte,
und solange du lebst, wird sie in deinen Armen sein,
ohne die meinen zu verlassen.

GUILLAUME APOLLINAIRE

DER ABSCHIED

Ich brach für dich dies Heidekraut
Gedenk der Herbst ist tot ich werde
Dich nie mehr sehn auf dieser Erde
O Duft der Zeit o Heidekraut
Denk daß ich auf dich warten werde

URSULA KRECHEL

KLAGE AM KANAL

Absätze klirren
auf gepflasterten Wegen müdes Licht
fällt aus Sträuchern und Wolken
ein frostiger Teppich der Rasen
keine Stauungen bei Unfällen
Knochenbrüchen, Verstauchungen
gehen, gehen, immer weiter gehen
einen langen Kanal entlang gehen
durch den abgeschabten Park
schnurgerade, grau die Böschung hinab
nur weiter gehen ins Graue
das träge Wasser entlang
unter Vorstellungen von Vögeln
die fortgeflogen sind.

Kähne ankern an haltlosen Stegen
geh nur weiter, weiter, schnurgerade
ins Graue, in den Nebel versunken
in dem auch Blei ist, Teer
unkenntliches Gift zur Ruhigstellung
der Nachwelt. Verkrüppelte Weiden
stippen in die Brühe, eine Plastiktüte
bläht sich auf, voll fauliger Luft.

So geh ich und geh nicht
unbestimmter noch
als die langsam wachsenden Koniferen
im Park, trag schwer
an den entfernten Lawinen
vor denen wir flüchteten
schwerer noch
wenn ich mich wegwende
an der Entfernung selbst
weiter gehen, keine Stauungen

schnurgerade die Böschung hinab
und hätten zusammenkommen können
gealterte Königskinder am Kanal.

Da wurden die Tage kürzer und länger
sank, hob sich der Kanal
führte anderes Wasser dem Fluß zu.
War es schon Februar, März
und hatte ich geschlafen?
War die Jahreszeit in den Zimmern
geblieben, nur ich
war draußen? Immer noch
stockt der Atem
wenn ich am Wasser entlang seh.
Manchmal wünscht ich, dich zu sehen
oder einen Schatten von dir
der noch mit Maßen dir gleicht.

Aufbruch, Bruch, Abbruch.
Das Wir ist verstört
das Ich längst begraben.
In diesem Winter vergaß ich
was Poesie ist, das war das Schlimmste
nicht. Flußaufwärts, abwärts
grüßen bekannte Sätze:
Vorsichtig führten wir sie
an einer kurzen Leine.

Gingst du mit mir den Kanal entlang
wären wir geschwommen im Sommer
durchgebrannt, gekrochen im Schlick
hätten wir gerudert, gerufen
hätten uns Mücken gestochen
vielleicht. Ach, ich klage, klage

einer alten Gewohnheit folgend
seh aus dem Fenster und wollte doch
in anderen Wassern schwimmen.

Besser wäre es
wir schliefen nicht mehr zusammen.
Dann würde er mir nicht weh tun
mein Arm unter deinem Nacken.
Die Unmöglichkeit
mir jene Gerüche vorzustellen
die dein Weggehen vor dem Frühstück verhindern
deine letzte erschöpfte Ablehnung anzunehmen
deine Dinglichkeit.

Ein Neger geht vorbei.
Er gleicht nicht dir und anderen
die in diesem Jahr oder im nächsten
ihre hohen Wohnungen verlassen
über der Bucht von Habana.
Mit selbstverfaßten Büchern belastet
über Ché
Cesar Montés
oder Fidel
wie Teppichhändler
oder überlastete Matronen
mit seltsamen Kleidern und ernsten Blicken
allumfassende
Nachahmungen des Krieges.

Ich setze mich auf meine Hände
ein großes Paket
das keine Mutter zu sich nimmt
und beginne einem klebrigen Münchhausen zu ähneln
der versucht, sich aus dem Sumpf zu ziehen
indem er den erfrorenen Arsch
in seine Hände nimmt.

GABRIELE WOHMANN

VERBOTEN HINZUSEHEN

So darf ich dich nicht sehen
So nicht, so unbelauscht
So von der Seite halbwegs
Von hinten, das ist nicht
Für andere gemacht
Die Schädeldecke hier
So blaß, so streng geheim
So ohne Ader auch
Für Puls und Blut, und müde
Bist du; geh nicht zur Ruh!
Ich fleh dich an! Nur müde
Zum Tode sieht das aus
Wie kannst du länger leben
Es spricht nicht viel dafür
Der Ausschnitt da im Nacken
Verboten hinzusehen
Ich will nicht vor dir wissen
Daß du – nein, nichts verraten
Nicht untreu sein aus Kenntnis
Das Haar wirkt auch vergessen
Zerrieben – ewig liegen
Ich darf dich so nicht kennen
Das ist dein Leichnam schon
Ich darf, was du nicht weißt
Nicht vorher Abschied nennen.

GÜNTER GRASS

VOM REST UNTERM NAGEL

Wovon erzählen, immer noch vom Knopf
und Bodensatz, der übrig blieb,
von Aschenbechern, Sound and Light,
was übrig blieb, was überblieb,
vom Zinsertrag der kleinen Konten
und von der Zeit, die uns geblieben?

Wovon erzählen, von der Liebe?
Wovon? noch immer von der Liebe?
Wovon, als ob nur Liebe zählt
und jeder nicht mit seinem Kot allein
auf jedem Abtritt einzeln steht,
mit Fingernägeln: ganz allein.

Das kratzt sich offen, heilt sich nicht
und speichert Reste unterm Nagel:
ich trenn mich nicht, ich putz sie nicht
und weise alle harten Instrumente
zurück: denn Liebe geht mit Geiz
zu Tisch zu Bett und wäscht sich nicht.

Wovon, wenn von der Liebe nicht?
Vom Vorrat, wenn wir fleißig sind,
vom fetten schwarzen abverdienten Rest
will ich erzählen, wenn wir fertig sind
und unsre Nägel, zweimalzehn,
vom Augentauschen dreckig sind.

HELGA M. NOVAK

SOMMER

der Himmel ist samtweich und sticht
und die Sonne legt um unsere Füße
so wenig Schatten wie ein Wintertag
ich reiße Nadeln aus und denke
an Schlittenfahren hörst du
die Schneeketten in der Frühe und mich
an Eisblumen schaben
mitten im Juli Schneefall
herbeizuzaubern die alten Kinderspiele
vergeblich dir bei solcher Glut
zu sagen welche Kälte zwischen dir und mir

PETER HÄRTLING

NACHTRÄGLICHES LIEBESLIED

Ich beginne
zu enden
in deiner Umarmung.
Sei,
ich bitte dich, Liebe,
sei nicht
voreilig,
singe,
um in der Haut
zu bleiben,
schreie, um mir
nah zu sein:
Dieses Feuer
haben wir nicht
zu denken gewagt
und diese Asche
wollten wir
nie sein.

HELGA M. NOVAK

VERRIEGELT

FÜR HORST

ein Teppich toter Fliegen
durchzieht das Haus
ich gehe über Leichen
die stellen mir die Haare auf
zwischen kühlen Laken liegt
unterm Dach und schlafend
mein Geliebter
drei Spinnen vor der Tür
ihre Netze voll toter Fliegen
schrecken mich ab
sein Zimmer ist verriegelt
ich kann nicht zu ihm hin

die tage habe ich mit den fingern gezählt
deine und meine, hab mir wie theseus
ein segel gefärbt, das nicht schwarz war
geschlafen, getrunken, dich arglos umarmt
als die augen, die schamversperrten, einander
schon fristen gesetzt, den stehaufstunden
zum gespött.
jetzt will ich fort, denn ich weiß
daß der hagel den weizen erschlägt
und im rebstock der frost meinen rausch
weckt, doch nicht wie das segel werde ich
deine füße vergessen, die vielverspielten

ELISABETH BORCHERS

AN C.

Wohin willst du
wenn du kein Herz hast
der Maulwurf bleibt nicht stehn
an deiner Seite
und der Schnee weht an dir vorbei

Was willst du tun
wenn du kein Herz hast
das Feuer wendet sich ab von dir
es ist Liebe gewöhnt

Was willst du reden
wenn du kein Herz hast
die Worte ohne Lachen und Weinen
werden nicht naß im Regen
nicht dunkel zwischen den Tagen

Nimm
es ist schwer

ich verschwinde, julia
die erde, unvererbbar und süß
verschleißt meine schuhe und stunden
ein wind hart wie quarz
fächert den samen der stirn auf, mein blut
blüht nicht rot, julia, und nicht anders.

ich seh dich am fester, die augen
die witwen, folgen da draußen
der straße

HELGA M. NOVAK

RESPEKT

ich zerreiße dein Bild von mir
der Fotograf hat es für ein Lächeln gemacht
keine Ecke meines Stuhles sei dir angeboten
das bewahrt dich vor dem Sturz
mein Morgenmund bleibt verschlossen
und erspart dir den Nachgeschmack
mein Hemd
das ich in deine windigen Klagen hänge
ist taub und ungerührt
als Zeuge gegen dich nicht unter Eid zu stellen
ich schicke dich nach Hause
kann ich mehr für dich tun
um dir nicht in die Quere zu kommen
um dir die Süße nicht zu verleiden
pflücke ich meine Trauben von einem anderen Stock

PETER HÄRTLING

MÖGLICHER ABSCHIED

Nimm deine Mütze vom Fensterbrett,
zieh den Schal von der Stuhllehne,
hol den Mantel aus der Garderobe,
sag alles,
sag lieber nichts,
sag den letzten Montag auf,
sag den Regen von Gestern auf,
sag einen Abend auf, nur einen,
sag mich auf,
sag nichts,
nimm die Falten vom Kopfkissen mit,
den Fußabdruck vorm Bad,
die Wärme von der Türklinke,
den Schlüssel aus der Vase
und geh.

ACHIM WANNICKE

WORTE, DIE EIN NARR VERLOR

Vergessen sind die Provinzen kleiner Gesten
die Hände auf der Suche nach Aufbewahrung.

Auch ohne Streit begreifen, auch ohne Zorn
vermissen wir das von uns selbst geplünderte Nest.

Die Welt ist wieder unanständig gewöhnlich
ein Mensch der entferntest gedachte Ort.

Ich darf wieder ganz vernünftig sein. Du auch.
Wir sind nicht mehr beisammen.

Hinter Schloß und Riegel brachten wir die Nacktheit
weil vielleicht der Zeitungsjunge noch kommen
könnte oder Freunde

auf ein Glas Wein. Geschämt der vielen Worte
haben wir uns, obwohl die Blumen nicht welken
wollten.

Wir holten Zärtlichkeit aus alten Truhen
kostümierten unsere Gesichter mit zeitlosem Plunder.

Was nicht umsonst gewesen war: Staunen und
Geduld.
Nun mußt du alleine Brötchen holen gehen, auch
Tassen

brauchst du nicht mehr zwei, und keiner kleckert mehr
die Marmelade.

Schreib keine Briefe, du, schick hin und wieder
Luftballons.

ROLF HAUFS

BAUM UND HIMMEL

Das Glück stellt sich wohl selten ein
Was man so sieht das reicht so hin
Um nicht verrückt zu werden
Man müßte Baum und Himmel sein

Ich weiß das eine schließt das andre aus
Was Himmel ist wird niemals grün
Und wem genügt das auch
Man möchte endlich aus dem Elend raus

Vielleicht hat man zuviel versprochen
Wer prüft das heute wohl schon nach
Wir fingen an und dachten nichts dabei
Wir hatten ziemlich harte Knochen

Allmählich ging das Glück kaputt
Und mancher ist gleich mitgegangen
Wir andern folgen wohl bald nach
Nicht Baum nicht Himmel nur noch Schutt.

ERNST JANDL

QUITT

jetzt sind sie quitt
und gehen auseinander
haß im herzen
oder

jetzt sind sie quitt
einer liegt einer geht fort
furcht im herzen
oder

jetzt sind sie quitt
einer liegt
wie der andre
nichts im herzen.

jetzt sind sie quitt.

195–

Am Ende sagt
von zweien
der eine noch:
Ich hab
dich eingelebt
in die Verlassenheit.
Am Ende sagt
von zweien
der andere noch:
Sieh, alles Nahe
ist so weit,
so weit.

MARIE-LUISE KÖNNEKER

WARTEN

Es könnte einer kommen allmählich
da durch die Tür
nach so vielen Jahren.

Deine Augen könnte er haben
dein nachgedunkeltes
Engelshaar aber leider
du wärst es nicht
Träger aller trügenden
Kennzeichen.

Wir würden uns lieben
im ersten Augenblick du
brauchst nicht zu lachen
auch wenn die Liebe hier
tot ist wächst sie
woanders neu.

Erinner' dich
um nur ein Beispiel zu nennen
an den Parkplatz
der Gesellschaft für Strahlenforschung.
Löwenzahn wuchs
durch den Asphalt
und gab uns
ganz allgemein
Anlaß zur Hoffnung

RINN LIEBE IN DIE ZEIT

WILLIAM BUTLER YEATS

WENN DU ALT BIST

Bist du einst alt und grau und voller Schlaf
Und nickst am Feuer ein, dann nimm dies Buch,
Lies langsam, träume dich zurück und such,
Wie mich dein Aug mit seinem Schatten traf.

Wie viele liebten dich im heitren Licht
Und, weil du schön warst, wahn dich mit Begier,
Doch einer liebt' das Pilgerherz in dir,
Die Trauer in dem wechselnden Gesicht.

Und wenn du dich hinunterneigst zur Glut,
Dann flüstre traurig: wie die Liebe floh
Und auf den Bergen hinschritt irgendwo
Und ihr Gesicht verbarg in Sternenflut.

GUILLAUME APOLLINAIRE

MARIE

Dort schon als Mädchen tanzte sie
Als Greisin wird sie tanzen dort
Der Rundtanz hüpfte wild wie nie
Die Glocken läuten fort und fort
Sag wann kehrst du zurück Marie

Stumm sind die Masken immerdar
So fern ist die Musik geblieben
Es scheint sie kommt vom Himmel gar
Ja lieben will ich dich doch nur ein wenig lieben
Dann wär mein Leiden wunderbar

Die Schafe ziehn dahin im Schnee
Wollflocken zwischen Silberflocken
Soldaten ziehn und wann denn je
Gehört mein Herz mir wieder stockend
Und wechselhaft und weiß ich je

Weiß ich wohin es geht dein Haar
Kraus wie das Meer bei frischem Wetter
Weiß ich wohin es geht dein Haar
Und deine Hände Herbstes Blätter
Der voll von unsern Schwüren war

Hin schritt ich an des Flusses Seite
Ein altes Buch in Händen noch
Gleich ist die Seine meinem Leide
Sie strömen unversieglich beide
Wie lang ist diese Woche doch

YVAN GOLL

ICH SEH GELIEBTE DICH NOCH

Ich seh Geliebte dich noch
An diesem kirschenbehangenen Tag
Das Goldblatt in deinem Haar
Und aller Azur der Treue
In deinem großen Doppelaug

Föhn brennt in den Bäumen
Und süßer Most in deinem jungen Mund
Aus dem die tiefe Stimme mich umsummt
Wie Hornißorgelbaß

Zeisige leiten uns durchs Geißblatt
Hand in Hand den weisen Berg hinan
Und im Salbei fand einer des andern Herz
Ganz naß vom Warten

Wir suchten ein schönes Bett im Minzhang
Und ein Hochzeitsschleier
Wob sich von selber aus Spinnenseide
Dein Atem duftete nach Glyzinen blau

Heut ist ein Nußbaum der Herr der Nacht
Viele Totenfalter und viele Eulen
Sind in seinen Kellern gefangen:
Das Trauerspiel des Herbstes hat begonnen

PABLO NERUDA

ROSAURA I

Rosaura, die Rose, der täglichen
Stunde, aufgereckt
in der vergleitenden Stunde
der kläglichen Dämmerung, in der Stadt,
wenn die Läden erglänzen
und das Herz in der eigenen
unerforschten Zone versinkt
wie der verirrte Reisende,
spät, in der Einsamkeit der Sümpfe.

Wie ein Sumpf ist die Liebe:
zwischen Straßennummer
und -nummer,
dort sanken wir nieder,
uns ergriff tiefe Lust,
haften bleibt Leib da an Leib,
Haar an Haar,
Mund am Kuß,
und im Paroxysmus
sättigt die gierige Woge sich
und einschrumpfen
die Flächen des Schlamms.

O Liebe von Leib zu Leib,
ohne ein Wort,
und das feuchte Mehl, das die Wildheit
der Zuckungen bindet,
das heisere Gestern von Mann und Frau,
ein Schlag in den Rosenbusch,
eine dunkle Blumenkrone geschüttelt,
wirbelt der Dunkelheit Federn umher,
ein Phosphorkreis,
ich umarme dich,
verwerfe dich,

ich morde dich,
und es entfernt das Schiff sich vom Schiff
und gibt die letzten Signale
zum Traum des Meers,
der Gezeit,
die zurückebbt zu ihrem unversöhnlichen Planeten,
zu seiner Voreingenommenheit, der Reinheit:
zurück bleibt das Bett
inmitten
der treulosen Stunde,
Dämmerung, abendliche Lilie:
aufbrachen die Schiffbrüchigen schon:
da blieben die zerfetzten Laken,
das verwundete
Schiff,
wir blicken zum Rio Mapocho:
auf ihm treibt mein Leben.

Rosaura, die meines Armes,
es vergeht ihr Leben mit dem Wasser,
die Zeit,
die Uferdämme aus Bruchstein,
die Brücken, wohin alle müden
Füße eilen:
das Licht in der Strömung
das Herz aus Lehm
rinne rinne
rinn Liebe in die Zeit von
1923, eins
neun
zwei drei
sind Zahlen
eine jede im Wasser,
das hinfloß
des Nachts
im Blut des Stromes,
im nächtlichen Lehm,
den Wochen,

die da sanken in den Fluß
der Stadt, wenn deine
blassen Hände ich ergriff:
Rosaura,
du hattest sie vergessen,
da sie solange
im Rauch hinflogen:
dort vergaßen sie dich
an der Ecke
der Sazié-Straße, oder auf dem kleinen
Paduraplatz, bei der strengduftenden Rose
des Absteigequartiers, das uns unter andre verteilte.

Der winzige Hof
bewahrte die Exkremente
der streunenden Katzen auf,
und ein bronzener Friede war,
der da aufstieg
zwischen den beiden Nackten:
die harte Ruhe der Außenviertel:
zwischen unsre Augenlider
glitt das Schweigen
wie ein dunkler Likör;
wir schliefen nicht:
wir bereiteten uns für die Liebe:
wir hatten abgenutzt
das Pflaster,
das Müdesein,
das Begehren,
und hier waren wir endlich
ungebunden, bloß, ohne Kommen und Gehen,
und unsere Aufgabe
war,
uns zu verströmen,
als füllte uns übermäßig an
ein flüssiges Schweigen,
eine schwere
verzehrende

Säure,
eine Substanz,
die den Umriß deiner Hüften ausfüllte,
die makellose Feinheit deines Munds.

Rosaura,
Vorübergehende,
wasserfarbene
Tochter Curicós, wo,
erdrückt
vom Gewicht und Schnee
der großen Kordillere, der Tag stirbt:
du warst Tochter
der Kälte
und bevor du dich verbrauchtest
zwischen den Lehmziegeln
erdrückender Wände,
kamst du zu mir, um zu weinen oder geboren zu werden,
dich zu verbrennen in meiner traurigen Macht,
und vielleicht gab es kein anderes
Feuer in deinem Leben, nur
damals warst du vielleicht wirklich.

Wir entflammten und löschten aus:
und du bliebst zurück im Dunkel:
ich zog weiter die Wege:
die Hände mir brechend, die Augen,
ich ließ die Dämmerung hinter mir,
schnitt abendliche Mohnblüten ab:
ein Tag zog vorüber, der mit seiner Nacht
eine neue Woche
zeugte,
und ein Jahr schlief mit einem anderen Jahre ein:
Tropfen um Tropfen
anwuchs die Zeit.
Blatt für Blatt
der durchscheinende Baum:

die staubige Stadt
wechselte vom Wasser zum Gold,
der Krieg verbrannte Vögel und Kinder
im niedergedrückten Europa,
von Atacama rückte
die Wüste vor mit Sand,
Feuer und Salz,
die Wurzeln tötend,
in ihren blauen Säuren kreisten
die bleichen Planeten,
den Mond berührte ein Mensch,
es wechselte der Maler sein Objekt
und malte keine Gesichter
sondern Zeichen und Narben,
und du, was machtest du
ohne die Öffnung
des Schmerzes, ohne Liebe?
Und ich, was machte ich
im Laubwerk der Erde?

Rosaura, Herbstzeit, ferner
schmaler Honigmond,
schweigsame Glocke:
zwischen uns beiden der gleiche Strom,
der Mapocho, der die Wände
und Häuser zernagend hinflieht,
zum Vergessen einlädt
wie die Zeit.

GABRIELA MISTRAL

DAS WIEDERSEHEN

Niemals? Niemals mehr? Nicht den sterndurchbebten
Nächten, nicht im jungfräulichen Morgen,
nicht beim Opfertod des Abends?

Nicht am Rande eines fahlen Pfades,
der die Flur säumt, nicht am Rande
einer zitternden Fontäne, mondblank?

Nicht unter dem Wurzelgeflecht des Waldes,
wo es mir Nacht ward, da ich ihn rief,
nicht in der Grotte, die meinen Schrei zurückwarf?

O, nein! Ich will ihn wiedersehen, gleichviel wo,
ob in den Buchten des Himmels, im kochenden
Strudel,
unter friedlichem Mond oder im schwarzen
Schrecken.

Mit ihm sein, alle Lenze lang, alle Winter,
in angstdurchbebter Umarmung hangen
an seinem blutüberstömten Hals.

soll denn die erde verblühn
und ohne mich das frühjahr
sich vergeuden, herzjulia, bloß weil
ich deine federn teile, weil dein rock
in meinen landesfarben weht.

einst hab ich dich berührt wie mit
dem finger eine wolke, um jede schnapszeit
hab ich dich erkannt von san francisco
bis babylon und morgens lag da schnee
auf deinen hüften, das war kein schnee.

nun huren meine tage hier um jedes
bißchen licht und meine zunge spielt
verrückt mit meiner muttersprache

FRIEDERIKE ROTH

LIEBESGEDICHT

Im Palmengarten, damals.
Der Löwenzahn, das war alles.
Das waren doch Zinnien, oder?

Da bin ich.
Und wenn wir heiraten würden.
Haste nicht'n Schnaps für mich
sagtest du.

Das ganze Leben, sagtest du dann
ist ungesund, sagtest du
denn es führt zum Tode, sagtest du
und du warst schon so voll.

Ich wollte deine Frau sein
Schlafzimmer in rosa
so hoch und so zart
in aller Pracht und Schönheit
und legen unser Geld in eine Kasse.

Später dann alles so schief
und die Heizung war nicht abzustellen
und die Nachbarin mit ihrem blinden Fisch
alles Quatsch, sagtest du
und
bis bald, sagtest du.

Und im Mondschein:
deine fleischfarbenen Damen!
Als wären es meine Töchter!
Rote Haare und grüne Augen

Was schreist du denn so, fragst du.
Nein, jetzt doch nicht mehr.

ERNST JANDL

WEISSHEIT

hast du die steile wiese aus dem mai
tief genug vergraben, komplizin?
dann laß zeit vorbei.
und pflanz aufs grab jäger und hasen.
keine fundstelle bleibe.
zeit, geh vorbei.

bis der frühling die wiese herausholt
was wirst du noch wissen, komplizin?
wie die fichte den schnee
wirst du es abschütteln.
weißheit, zergeh.

dir wird er die wiese
wiederum steilstellen.
er wird dir nichts freistellen,
der mai.

8. 10. 54

ERNST S. STEFFEN

ROSEMARIE

Einmal, da kämmte ich ihr Haar.
Das weiß ich noch.
Wir haben so sehr gelacht darüber.
Sie konnte lachen
Wie ich.

Und einmal fand sie
Ein kleines rotes Taschenmesser
Auf dem Parkplatz,
Das niemand gehörte.
Auch das weiß ich noch.

Und einmal zog sie ein Los.
Es war eine Niete.
Meines war ein Hauptgewinn.
Sie wählte einen Teddybären.
Ich entsinne mich seiner.

Und einmal hielt ich das Lenkrad,
Und sie ging
Gelb und weiß
Im Scheinwerferlicht,
Einen Doppelpunkt
Im zurückgewandten Gesicht.

Manchmal zeichne ich ihn:
Punkt und Punkt.

LUDWIG FELS

NATÜRLICHKEITEN

Im Wald sang ein Vogel
als wir die Liegesitze zurückklappten
und das scharrende Krachen
gelenkig bewältigten.
Ich legte mich bequem bereit
du nahmst Platz auf mir.
Ich glaube, wir rochen nach Moos
und deine Zähne
schmeckten nach Beeren.
Wir hatten genau den Raum
den liebende Bewegungen brauchen.
Die Abendsonne hatte sich
zwischen den Bäumen verfangen
der Zigarettenanzünder sprang
wie ein Glühwürmchen aus dem Gehäuse
und Gras wuchs uns zwischen den Zehen.
Die Federung gab uns Schwung.
Auf der Hinterseite der Welt
lagen unsre Kleider verstreut.
Wir blickten in uns hinein
und da war die Lust
auf eine nagelneue Wiederholung.
Wir stiegen aus
spielten Fakire
auf taunassen Stoppeläckern
Nebel und Dämmerung
waren plötzlich eins
und allmählich verstand ich allerhand.
Du sagtest
laß uns nach Bombay fahren
und das Auto auf dem Weg
nach dort zu Schrott
denn ich liebe dich
du lieber Liebling.

Ich log nicht
als ich antwortete.
Ich dachte an Förster und Bauern
an späte Spaziergänger
an andere Paare
an Urwälder und Treibhausluft.
Ich verschwand in dir
ich ging dir auf den Grund
und brachte alles aus dir heraus.
Wir ließen die Wolken am Himmel
wir hatten grüne Tränen
als wir die Sitze geradestellten
die Kleider aus dem Wind fischten
und den Vogel
mit endlosen Startgeräuschen
vertrieben.

HELGA M. NOVAK

ES IST EINER DER BLEIBT

es ist einer der bleibt ewig jung
so lang so oft ich ihn umarme
die Haut sehr weich und wird rot
wie ein Jüngling und wird nicht älter

nachts fallen die Kiefern um
und jagen mir bei Tage
feines Holz unter die Nägel
schon ist die Ebene um mein Haus
eine einzige Hasenscharte so leer
es nimmt die Leere kein Ende
in der ich heulend sitze
und mir Splitter ausreiße
aus meinen Fingern und Zehen

es ist einer der wird immer jünger
egal was mir passiert

ALL EURE SÜNDEN SIND EUCH GESCHENKT

WILLIAM BUTLER YEATS

DIE DREI BÜSCHE

(Eine Begebenheit aus der »Historia mei temporis« des Abbé Michel de Bourdeille)

Die Herrin sprach zum Liebenden:
»Kann man der Liebe traun,
Die nicht die rechte Nahrung gibt?
Wär deine Lieb entflohn,
Sängst du nie mehr dein Liebeslied.
Mich träf die Schuld daran.
O Lieber, mein Lieber.

»Doch zünde nicht die Kerzen an«,
Die schöne Herrin sprach,
Damit ich auf Schlag Mitternacht
Ins Bett dir schlüpf gemach,
Denn säh ich mich selbst schlüpfen ein,
Ich stürbe gleich danach.«
O Lieber, mein Lieber.

»Ich liebe heimlich einen Mann,
Hör, Zofe«, sagte sie.
»Ich weiß, ich stürbe sicherlich,
Wenn er mich nicht mehr liebt.
Und stürbe auch, was könnt ich tun,
Wenn ich nicht keusch verblieb.
O Lieber, mein Lieber.

Drum lege du dich neben ihn,
Er glaubt dann, daß ichs bin.
Vielleicht sind wir ja alle gleich,
Wenn keine Kerze glimmt
Und vielleicht sind wir alle gleich,
Wenn wir das Kleid ausziehn.«
O Lieber, mein Lieber.

Kein Hund schlug an, nur Mitternacht schlug,
Sie sprach beim Glockenschlag:
»Das hab ich mir fein ausgedacht,
Wie froh mein Liebster lag«
Und seufzte doch, denn die Zofe schien
So matt den ganzen Tag.
O Lieber, mein Lieber.

»Nein, jetzt kein Lied mehr«, sagte er,
Denn meine Herrin kam
Vor einem Jahr zum erstenmal
Um Mitternacht in meinen Arm,
Da muß ich auf dem Laken sein
Beim ersten Glockenschlag.
O Lieber, mein Lieber.

»Es lacht, es weint und ist auch fromm,
Lied eines Wüstlings«, sagte man.
Hat man je solch ein Lied gehört?
Nein, den Tag wars das erstemal.
Ritt je ein Mann so scharfen Ritt?
Nein, keiner bis zu diesem Tag.
O Lieber, mein Lieber.

Doch als sein Pferd mit seinem Huf
In einen Fuchsbau trat,
Fiel er kopfüber und war tot,
Die Herrin sah's mit an
Und fiel auch hin und starb, denn sie
Liebt' ihn mit Seelenkraft.
O Lieber, mein Lieber.

Die Zofe lebte lang und trug
Um ihre Gräber Sorg
Und pflanzte dort zwei Büsche hin,
Die wuchsen Zweig an Zweig,
Als sei's aus einer Wurzel nur,
Die gleiche Rosen trug.
O Lieber, mein Lieber.

Als sie dann, alt, am Sterben war,
Kam hin ein Gottesmann,
Sie legte eine Beichte ab,
Er sah sie lange an.
Und, oh, er war ein guter Mensch,
Verstand, was sie getan.
O Lieber, mein Lieber.

Er sagte: »Diese hier begrabt
Zur Seite ihrer Herrin Mann,
Pflanzt einen Rosenbusch aufs Grab,
Kein Lebender mehr kann,
Wenn er sich da eine Rose pflückt,
Wissen, wo sie begann.«
O Lieber, mein Lieber.

WILLIAM BUTLER YEATS

DIE TOLLE HANNE SPRICHT MIT DEM BISCHOF

Ich traf den Bischof auf dem Weg,
Wir sprachen viel diesmal.
»Die Brüste hängen dir nun schlaff,
In deinem Blut Verfall,
Such Wohnung dir im himmlischen Haus,
Nicht mehr im Schweinestall.«

»Schön und Schwein sind nahverwandt
Und Schön braucht Schwein«, rief ich.
»Meine Freunde sind hin, nicht Bett noch Grab
Leugnen das sicherlich.
Mein Leib erfährt in Niedrigkeit,
Mein Herz voll Stolz Verzicht.

Eine Frau kann steif und stolz sein,
Wenn sie nach Liebe rennt,
Doch Liebe hat ihr Haus gebaut
Am Ort von Exkrement,
Denn nichts kann eins und alles sein,
Ein Riß hat es getrennt.«

ERST S. STEFFEN

ELSA

Sie war gerade sechzehn geworden,
Man sah es ihr noch an.
In ihrem Busen schlummerten Torten
Und Schweinchen aus Marzipan.

Aus ihren Augen wuchsen Mimosen,
Die hatte der Pastor gepflanzt
Und in ihr Herzchen einen zu großen
Paulusbrief zur Firmung gestanzt.

Sie kam bei der Nacht in mein Zimmer geschlichen
Und fand mich und brauchte kein Licht.
Wir haben die Sache dann durchgestrichen.
Doch die Liebe fand sie nicht.

Sie hat sich mit mir noch ein bißchen gestritten:
Das könne die Liebe nicht sein.
Dann ging sie und hat sich den Puls durchgeschnitten,
und ich war wieder allein.

Sie war gerade sechzehn geworden,
Man sah's ihr auch jetzt noch an.
Aus ihrem Busen schluchzten die Torten
Und Schweinchen aus Marzipan.

HERTHA KRÄFTNER

KLEINE CHRONIK

Sie hieß Sabine Mücke
und handelte mit Zwirn und Hosenträgern.
Es sprach für ihre Tugend,
daß ihre Phantasie nie über jenen Rand hinunterstieg,
an dem begann, woran die Hosenträger,
die sie feilbot, ihren Zweck erfüllten;
es sprach für ihre Tugend,
doch sprach es nicht für ihre Schönheit auch;
denn, um Sabinens sehr bescheidnen Sinn
nicht zu verletzen, muß hier gesagt sein,
daß sie nie in ihrem Leben
(das hieß: der Laden und das Kabinett dahinter),
daß sie im Leben nie
von jenen Dingen eins erfahren hatte,
als deren Wirkung solche Phantasien
in ihrem tugendhaften Leib gewachsen wären.
Kurzum: sie brachte wohl die Hosenträger
an den Mann, sich selber aber nicht.
Bis dann der Märzwind
den neuen Fleischerburschen von der Ecke
in ihren Laden wehte
und einen Duft nach frischem Blut
und Veilchen von der Blumenfrau daneben,
bis dann der Märzwind sieben Tage später
Sabinens schwankende Bedenken
durch das Fenster blies …
Am Morgen fanden sie die Türe offen,
die Kassenlade leer.

MARIE-LUISE KÖNNEKER

MÄRCHEN VOM HALLESCHEN TOR ODER ROTKÄPPCHEN UND SCHWARZFUSSINDIANER

Sie
sieht ihn auf der Brücke stehn
Augen auf dem Wasser
                    es war ziemlich dreckig
er
gibt ihr eine Feder
                von einer Taube vermutlich
sie
gibt ihm ein Flug-Blatt
                    Anti-AKW nehme ich an
sie falten ein Schiff
die Feder das Segel
und verlassen die Stadt

GÜNTER HERBURGER

Man kann nicht mehr sitzen hat sie gesagt
zehn Stunden an der Kasse im Konsum
und hat sich wieder eine angezündet
das Licht angemacht und sich auf den Bauch gedreht
ich kriege immer einen Ausschlag an die Beine
weil die Luft aus der Heizung
genau hinter mir aus dem Boden kommt
willst du sehen hat sie gesagt
und die Decke weggezogen
man kann hinlangen es ist trocken
Puder ist falsch sagt der Arzt
es gibt tausend Hautgeschichten
die ungefährlich sind
der Körper schafft besser alles allein
man muß nur Geduld haben
und nicht den Mut verlieren lang doch hin
meiner Mutter zeig ich es nicht
die begreift nichts sie will mir
nicht mal den Schlüssel geben
wenn ich weggeh die versteht nichts
bei dir hab ich's gleich gespürt
hat sie gesagt und mir ins Haar gegriffen
nicht fest doch zuerst daneben
weil ich gerade vom Ellbogen gerutscht bin
auf den ich mich gestützt habe
er war schon ganz kalt und ohne Gefühl
du bist anders du guckst einen an
nein nicht so das ist nicht zum Lachen
ich habe mir oft überlegt ob ich nicht
einen älteren Herrn heiraten soll
nun tu doch nicht immer nur das
wir sind keine Tiere
zu schämen brauchst du dich nicht

URSULA KRECHEL
KEINE TRAGÖDIE

Als die Beiköchin Gisela
ihrem Freund und Geliebten
und vielleicht einmal Mann
dem Mechaniker Leo, mit dem
sie auf der Suche nach Arbeit
einem freieren Leben und
manchem, was jetzt noch
keinen Namen hat in ihrem Kopf
aus dem saarländischen Dorf
in die hessische Kleinstadt
gekommen war, freiwillig
aus Liebe, was sonst

als die Beiköchin Gisela
ihrem Leo in der düstren Kantine
ihm wie vielen Werktätigen
sein Lieblingsessen
bereitet hatte und er
nicht kam, es zu essen
und sie zu lieben danach
prüfte sie den scharfen
Stahl des Küchenmessers
blickte versonnen
auf die großen dampfenden Töpfe
ballte die Fäuste
in der Schürzentasche
aber ihre Arbeit
war noch nicht getan
ihre Zeit war nicht gekommen.

Als dann Feierabend war
um vier, ging sie nach Haus
mit den Resten von
Leos Lieblingsessen

eingepackt in der Tasche
traurig vom Zwiebelschneiden
müde vom ständigen Rühren
in den großen dampfenden Töpfen
wartete auf ihren Leo
der nicht kam, blätterte
zuerst lustlos, schließlich
immer begieriger
in einer Illustrierten, sah
die schönen, lächelnden Frauen
mit goldenem Haar lüstern
an Sofapolster gelehnt, sah
die lieben, lächelnden Feen
in blanken Küchen Brotteig
kneten für die Lieben, sah
das verführerische, schöne
Leben zu zweit in einem Boot
saugte es ein wie Gift:
bei Sonnenuntergang steckt
einer, das konnte ihr Leo sein
einer Frau, das mußte sie sein
lächelnd eine Zigarette an
und sie lächelte auch.

Als dann spät in der Nacht
ihr Freund und Geliebter
und vielleicht einmal Mann
Leo auf schwankenden Beinen
mit hungrigem Bauch zu ihr kam
ließ sie sich ihre Seufzer
mit nassen Küssen verstopfen
wärmte seine Füße
sein kaltes Glied und
die Reste des Lieblingsessens

aus den großen dampfenden Töpfen
vergaß den scharfen Stahl
des Küchenmessers, vergaß aber nicht
die bunten, glänzenden Bilder.
Schon taub vor Schlaf
dachte sie, so muß es sein
wenn man sich liebt.

HERTHA KRÄFTNER

IM BÜRO

Am frühen Abend fiel vom Kaufhaus gegenüber
Reklamelicht blau ins Büro.
Die Schreibmaschine klirrte leise, leise ...
und über den Schreibtischrand
hing verloren ein Strumpf, pendelnd
wie eine sanfte Schlange
neben der weißen Schulter der Stenotypistin.
Die flüsterte nah am Ohr des Direktors:
»Ich habe über dich
einen Zauber gesprochen,
als gestern der Mond in mein Bett schien
und meine Schwester unruhig träumte.
Ich verbrannte Schwertliliensamen
und bitteres Haar und orangenes Kerzenwachs
und den Schwanz meiner weißen Katze.
Meine mondsüchtige Schwester wand sich
im Traum, aber ich –
oh, ich kniete neben den Flammen
und betete: Ich will ihn, ich will, ich will ...«
Er seufzte verzaubert, und wieder
klirrte leise die Schreibmaschine
(sie hatte nach Arbeitsschluß
noch nie so geklirrt).
Dann klingelte laut das Telephon
und es war seine Frau,
die das Abendbrot schon zum drittenmal wärmte.
Die Stenotypistin nahm ihren Strumpf
und sagte: »Geh heim. Und denk
an eine blaue Lilie, wenn sie die Suppe
in deinen Teller gießt.«

ERNST JANDL

AN EINE STROPHE VON CLEMENS BRENTANO SICH ANSCHLIESSEND

Ein Fischer saß im Kahne,
Ihm war das Herz so schwer,
Sein Lieb war ihm gestorben,
Das glaubt er nimmermehr.
sie kann doch nicht tot sein
sie kann doch nicht tot sein
sie kann doch nicht tot sein
sie kann doch nicht tot sein
spricht er vor sich her
aber alle stellen wo sie sonst
   zu sehen gewesen war bleiben leer
sie kann doch nicht tot sein
sie kann doch nicht tot sein
sie kann doch nicht tot sein
sie kann doch nicht tot sein
spricht er vor sich her
bzw. singt:
tot sein, das kann sie nicht
aber alle stellen wo sie sonst
   zu sehen gewesen wäre bleiben leer

HELMUT HEISSENBÜTTEL

SHORTSTORY

er hatte es mit ihr sie hatte es mit ihm
was hatte er mit ihr was hatte sie mit ihm
er hatte es auch mit dem da sie hatte es auch mit der da
was hatte er auch mit dem da was hatte sie auch mit der da

er hatte es mit ihr und auch mit dem da
was hatte er mit ihr und auch mit dem da
sie hatte es mit ihm und auch mit der da
was hatte sie mit ihm und auch mit der da

er hatte es mit sich selbst sie hatte es mit sich selbst
was hatte er mit sich selbst was hatte sie mit sich selbst

er hatte es hatte er es sie hatte es hatte sie es

er hatte es mit ihr und auch mit dem da und mit sich selbst sie hatte es mit ihm und auch mit der da und mit sich selbst er hatte es mit ihr und auch mit dem da und mit sich selbst und sogar mit der da sie hatte es mit ihm und auch mit der da und mit sich selbst und sogar mit dem da der da hatte es mit ihm und mit ihr und der da die da hatte es mit ihr und ihm und dem da hatte der da es auch mit sich selbst hatte die da es auch mit sich selbst

ERNST JANDL

MANN UND MÄDCHEN

der mann legt seine hand
dem mädchen auf das kleid.

ein zweiter mann gerät
kurz in vergessenheit.

das mädchen lacht wie nicht
seit seiner frohen zeit.

das mädchen, als es lacht,
hat sprünge im gesicht.

19. 5. 62

URSULA KRECHEL

DIE KÜHLE

Höchstens ein dreiviertel Jahr gebe ich der Liebe
sagt sie, höchstens, keineswegs länger
sitzt auf der Sofakante mit spitzen Knien
in einem viel zu teuren Appartment in New York
hält das Glas mit Wein, kalifornisch, trocken
in kühlen Fingern: Dreiviertel Jahr
das ist schon viel, alles andere Krampf
sagt sie, aus einer deutschen Kleinstadt
die sie gründlich hinter sich gelassen hat
schaut niemanden an, wenn sie spricht
oder nur von der Seite, Christine
dreißig, wachsblond, Psychologin.
Ein Flattern in den blaugeschminkten Augenlidern:
Welcher Mann heute auf diesem Fest?
Eigentlich keiner. Einer will sie beim Wort nehmen:
In dreiviertel Jahr ist schon Sommer
wir könnten zusammenliegen am Strand
hier oder in Fire Island in der Hitze
Christine, das wär schon was. Sie überhört ihn.
Unter ihrem Ohr, in der Biegung des Halses
klopft eine Ader, blauer als ihre beschatteten Augen.
Jetzt beugt sie sich vor: Morgens
nach einer Nacht, die in den Knochen steckt
morgens, wenn einer sich die Zähne putzt
morgens ein Fremder in meinem Bad
an meinem Waschbecken mit Blick nach draußen
und der weiße Schaum sickert
sickert in seinen Mundwinkeln, dann
ich kann nicht anders, sagt sie, lacht
mit schönen Zähnen, ist sein Geheimnis weg
einfach weg wie meine Liebe
ich wechsle nur noch das Bettuch.

GÜNTER GRASS

ALLE BEIDE

Er sagt nicht meine, die Frau sagt er.
Die Frau will das nicht.
Das muß ich erst mit der Frau besprechen.

Angst zum Krawattenknoten gezurrt
Angst, nachhause zu kommen.
Angst, zuzugeben.
Verängstigt sind beide einander Besitz.

Die Liebe klagt ihre Ansprüche ein.
Und das gewohnte Küßchen danach.
Nur noch Gedächtnis zählt.
Beide leben vom Streitwert.
(Die Kinder merken vorm Schlüsselloch was
und beschließen für später das Gegenteil.)

Aber, sagt er, ohne die Frau hätte ich nicht soviel.
Aber, sagt sie, er tut, was er kann und noch mehr.
Ein Segen, der Fluch, und als Fluch Gesetz wurde.
Ein Gesetz, das immer sozialer wird.
Zwischen den Einbauschränken, die abgezahlt sind,
bildet der Haß
Knötchen im Teppich: nicht pflegeleicht.

Beide entdecken einander,
wenn sie sich fremd genug sind,
nur noch im Kino.

GÜNTER HERBURGER

SCHWÄBISCHE LIEBE

Meisle?
Jo?
Liegscht guat?
Noi, 's dauert so lang.
Meisle,
wart a bissle,
i hon a Bauschparvertrag
für a Heisle.
Jetzt ischt aber schee,
laß dr Zeit
oder willscht anders rum?
Noi, noi,
bleib wia de bischt,
sonscht werr i bloß krumm.
Buele?
Jo?
Wia lang dauret's no?
Ha, fünfazwanzg Jor.
Jetzt hör aber auf,
so lang ka i's it leide,
suach dr a andere zum Geige.
Meisle, bleib liege,
i hons Dobbelde au no in bar.
Buele, liabs Buele,
mach d'Auge zua und schpar.

HELMUT HEISSENBÜTTEL

EINE EINFACHE GESCHICHTE

er war gewesen ihr
sie war gewesen sein
sie hatte gehabt ihn zum
sie waren gegangen zusammen
sie waren ausgegangen zusammen
sie waren gegangen zusammen ins Bett
sie waren gewesen zusammen ein
das ist nun alles schon lange her

ein anderer hatte für sie auch
aber sie hatte gehabt für keinen anderen etwas
der andere aber hatte nicht aufgehört zu
so war er geworden ihr anderer
aber sie hatte noch immer nicht gehabt für einen anderen etwas
das hatte ihm nichts ausgemacht
so war er geblieben ihr anderer
er hatte gehabt nichts davon und sie auch nicht
und auch das ist nun schon lange her

dann verlor sie der gewesen war ihr
sie hatte keinen mehr nun
es war ein großer
das machte sie sehr
sie hatte schwer daran zu
das machte sie ganz und gar
kein anderer konnte ihr wieder das
das machte sie ganz und gar und sie konnte sich garnicht wieder
aber auch das ist nun schon lange her

das ist nun alles schon lange her
sie hat einen anderen heute zum
das ist der andere der nicht aufgehört hatte zu

er hat auch heute noch nicht aufgehört zu
er ist ihr
er ist mit ihr
er möchte garnicht anders als was er nun
obwohl er nicht gewesen war ihr
aber das ist für ihn kein
obwohl es für ihn mit ihr mitunter nicht ganz

sie denkt wie es wäre wenn der damals nicht
sie denkt wie es wäre wenn der von damals jetzt wieder
würde er ihr sein wenn er wieder denkt sie
würde sie sein sein wenn er wieder denkt sie
würden sie zusammen wieder wenn er wieder denkt sie
würde alles denkt sie genauso wieder wie
würden sie denkt sie genauso wieder und nicht anders
wenn
sie wieder

könnte sie es nicht gewesen sein einfacher noch
sie hätte gehabt den einen und den anderen
sie wäre gewesen aller beider
einer wäre verschollen ausgewandert gefallen
gestorben
hätte sie verlassen den Prozeß gemacht gekriegt sich
aus dem
Staube gemacht
der andere wäre und hätte das alles nicht
sie wäre einfach geblieben nur seine und er ihr
wären übriggeblieben
würden nicht denken wenn
wären gewesen nicht und nicht
wären gewesen nicht und nicht und wären noch immer

GÜNTER GRASS

VORSICHTIGE LIEBE

Die Puppe saß unter dem Bett der Eltern und hörte alles.
Als sie es mit dem Schaukelpferd gleichtun wollte,
sagte sie zwischendurch immer wieder:
Paß aber auf, hörst du, paß aber auf.

HELGA M. NOVAK

BALLADE VON DER KASTRIERTEN PUPPE

1
in Bayern wo die Dörfer
alt und finster sind
lebt ein Dorfschullehrer
mit Frau und Kind
er belehrt die Jungen
und die Mädchen all
über Fleiß und gute Sitten
und über den Sündenfall
    doch eines Tages schickte
    Tante Lucie aus Paris
    der Bettina eine Puppe
    die Hildebrand hieß
    der Hildebrand konnte
    lachen und weinen
    und hatte ein Schwänzchen
    zwischen den Beinen
was habe ich denn gemacht
meine liebe Mutter?
ich träume jede Nacht:
du kämst mit einem Messer
und hättest mich umgebracht!

2
Bettina springt herum
und tanzt einen Ringelreihen
sie läuft zu ihrem Vater
um die Puppe zu zeigen
»was eine Jungenpuppe
in meinem sauberen Haus?
das Ding fliegt gar bald
zu den Fenstern hinaus!
    weh dir ich seh dich
    mit Hildebrand spielen

und dich mit dem Bengel
auf der Straße rumsielen!
wie konnte Tante Lucie
sich dazu erdreisten?
ich als Lehrer kann
mir sowas nicht leisten.«
was habe ich denn gemacht…

3
doch während der Herr Lehrer
als zuverlässiger Christ
am nächsten Sonntagmorgen
in der Dorfkirche ist
– die Mutter schläft noch
und taub ist ihr Ohr –
sucht Betti ihren Hildebrand
aus dem Kleiderschrank hervor
zufällig wohnt ein Puppen-
doktor im Hause nebenan
dessen kinderlose Frau
gar nicht anders kann
als alles was geschieht
emsig zu belauschen
und jedes Ereignis
gehörig aufzubauschen
was habe ich denn gemacht…

4
Frau Doktor gewöhnt
sich zu verstecken
stand eine Weile
hinter den Rosenhecken
und als Bettina
und Hildebrand schaut

überzieht sie sich ganz
und gar mit Gänsehaut
»Betti pfui schäm dich!
mit deiner Zunge
zu küssen zu schlecken
den Puppenjunge!«
Bettina erschrocken
stopft den Hildebrand
ins Blumenbeet und
tief in den Sand
was habe ich denn gemacht...

5
Frau Doktor klagt und zetert:
»Betti du bist ja entartet!
ach deine arme Mutter
die gerade ein Baby erwartet!«
und der Herr Lehrer packte
das schuldlose Puppenkind
und eilte mit ihm hinüber
zum Puppendoktor geschwind
»Herr Doktor dieser Rüpel
der bringt mich noch ins Grab
schneiden Sie ihm doch bitte
sofort dieses Ding da ab!«
und zu Betti: »was heulst du
wie eine kleine Wilde?
aus deinem Hildebrand
wird eben eine Hilde!«
was habe ich denn gemacht...

6
seitdem fing Bettina an
alles und jeden zu hassen

tagtäglich zerwirft sie
Teller und Tassen
die Mutter schlägt mit
der Stirn an die Scheibe
und sagt »Bettina
hat den Teufel im Leibe«
    der Vater kann Kinder-
    schmerz nicht ermessen
    er selber hatte Hilde-
    brand längst vergessen
    »warum lachst du nicht
    und singst keine Lieder
    für deine Mutter?
    sie kommt bald nieder!«
was habe ich denn gemacht...

7
wer huscht durch Nachbars
Blumenbeete und Hecken
um die öde Puppenpraxis
bei Nacht zu entdecken?
wer klebt mit der Nase
am staubigen Werkstattfenster
und begutachtet dort
die blassen Puppengespenster?
    Bettina bewundert
    voller Entzücken
    die Augen die Stimmchen
    und die Perücken
    Nähzeug und Zangen
    kleine Messer Pinzetten
    »ach wenn wir doch auch
    solche Werkstatt hätten!«
was habe ich denn gemacht...

8
Bettina klettert leise
ins offne Gartenhaus
und sucht sich eine Zange
und zwei Messerchen heraus
welche Freude! Bettina
singt und trällert wieder
denn ihre Mutter kam
mit einem Brüderchen nieder
    sie schleicht und trippelt
    auf Zehenspitzen heim
    dort oben der weiße Mond
    flüstert »laß sein, laß sein!
    wirf schnell die Zange
    und die Messerchen weg!«
    trotzdem hat Bettina alles
    in ihrem Zimmer versteckt
was habe ich denn gemacht...

9
die Mutter sagt »Bettina
uns leuchtet neues Licht
jeder von uns beiden
hat nun seine Pflicht
du trägst deine Hilde
stolz und sicher im Arm
und ich halte den Christian
in seinem Bette satt und warm«
    doch kaum ist die Mutter
    ein paar Schritte gegangen
    sieht man Bettinas Hände
    nach Christians Decke langen
    »ich werde dir gleich helfen
    du verdammtes Luder!

was machst du da eigentlich
mit deinem kleinen Bruder?«
was habe ich denn gemacht...

10
der Bruder schläft bei Betti
in ihrem Kinderzimmer
sie tappt um sein Lager
ohne einen Lichtschimmer
sie preßt ihr dickes Kissen
dem Christian aufs Gesicht
»so magst du ruhig weinen
die Mutter hört es nicht.«
Bettina tanzt und jubelt
ist lustig wie eine Biene
»Mutter ich habs geschaft
aus Christian ward Christine!«
die Mutter eilt ans Bettchen
das Blut tropft ihr in den Schuh
der Christian ist gestorben
seine liebe Seele hat Ruh
was habe ich denn gemacht
meine liebe Mutter?
ich träume jede Nacht:
du kämst mit einem Messer
und hättest mich umgebracht

GUILLAUME APOLLINAIRE

DAS HAUS DER TOTEN

FÜR MAURICE RAYNAL

Langgestreckt an den Seiten des Friedhofs
Umrahmte das Haus der Toten ihn wie ein Kloster
Innen in seinen Vitrinen
Die denen der Modegeschäfte glichen
Grinsen statt aufrecht stehend zu lächeln
Die Mannequins der Ewigkeit entgegen

Seit vierzehn oder zwanzig Tagen in München
War ich zum erstenmal und nur durch Zufall
Auf diesen fast verlassenen Friedhof gekommen
Und die Zähne klapperten mir
Vor all diesen braven Bürgern
Die hier zur Schau gestellt und so gut gekleidet wie möglich
Auf ihr Begräbnis warteten
Plötzlich
Rasch wie mein Gedächtnis
Belebten sich die Augen
Von einer gläseren Zelle zur andern
Den Himmel füllten Gestalten der Apokalypse
Ruhlos lebendig
Und die Erde eine unendliche Fläche
Wie vor Galilei
Bedeckten tausend reglose Sagengestalten
Ein diamantener Engel zerbrach alle Vitrinen
Und die Toten traten auf mich zu
Mit Mienen einer anderen Welt

Doch ihr Gesicht und ihr Verhalten
Erschienen bald weniger leichenhaft
Himmel und Erde verloren
Ihr gespenstisches Aussehn

Die Toten sahen mit Freude
Einer des andern verblichenen Körper und wieder das Licht
Sie lachten über ihren Schatten und betrachteten ihn
Als wäre er wahr und wahrhaftig
Ihr vergangenes Leben

Dann zählte ich sie
Es waren neunundvierzig Männer
Frauen und Kinder
Die zusehends schöner wurden
Und mich nun ansahn
Mit so viel Herzlichkeit
So viel Zärtlichkeit selbst
Daß ich auf einmal
Freundschaft zu ihnen faßte
Und sie zu einem Spaziergang einlud
Fort von den Arkaden ihres Hauses

Und alle Arm in Arm gehängt
Marschlieder auf den Lippen
– Ja all eure Sünden sind euch geschenkt –
Verließen wir den Friedhof
Wir gingen durch die Stadt
Und trafen oft
Verwandte Freunde die zu der kleinen Schar
Der unlängst Verstorbenen stießen
Alle waren so fröhlich
So reizend so frisch und munter
Daß nur ein ganz Schlauer fähig gewesen wäre
Tode und Lebende auseinanderzuhalten

Nachher auf freiem Feld
Verteilten sich alle

Zwei von der leichten Kavallerie stießen zu uns
Wir begrüßten sie feierlich
Sie schnitten Zweige von Schneeball
Und Holunder
Aus denen sie Pfeifen machten
Die sie an die Kinder austeilten

Später tanzten im Freien
Die Paare die Hand auf der Schulter
Zum schrillen Klange der Zithern

Sie hatten das Tanzen nicht verlernt
Diese toten Männer und Frauen
Sie tranken auch
Und von Zeit zu Zeit verkündete eine Glocke
Daß eben ein neues Faß
Angesteckt wurde

Eine junge Tote saß auf einer Bank
Neben einem Berberitzenbusch
Und ließ sich von einem Studenten
Der vor ihr auf den Knien lag
Von Verlobung erzählen

Warten will ich auf dich
Zehn Jahre ja zwanzig wenn's sein muß
Was du willst das will ich auch

Warten will ich auf dich
Solange du lebst
Antwortete die Tote

Kinder
Dieser Welt oder auch der andern
Sangen Kinderlieder
Mit absurdem oder lyrischem Text
Die zweifellos Reste
Der ältesten poetischen Denkmäler
Der Menschheit sind

Der Student steckte einen Ring
Auf den Ringfinger der jungen Toten
Dies ist das Pfand meiner Liebe
Unsrer Verlobung
Weder durch Zeit noch Trennung
Werden wir unser Versprechen vergessen
Und eines Tages halten wir festlich Hochzeit
Myrtenbüschel
An unsern Kleidern und in deinem Haar
Eine schöne Predigt in der Kirche
Lange Reden nach dem Hochzeitsessen
Und Musik
Musik

Sprach die Verlobte
Unser Kind
Soll sein so schön soll sein so hold
Zerbrochen ach! war schon der Ring
Als wär's von Silber oder Gold
Smaragden oder Diamant
Soll sein so hell soll sein so licht
Wie Sterne wohl am Firmament
Wie Frührot das durch Wolken bricht
Wie deine Augen Liebster sind
Soll duften schön soll duften gut
Zerbrochen ach! war schon der Ring

Wie Flieder wohl im Frühling tut
Wie Thymian Rosen wenn sie blühn
Lavendel oder Rosmarin

Die Musikanten waren weggegangen
Wir setzten den Spaziergang fort
Am Ufer eines Sees
Ließ man zum Vergnügen
Flache Steinchen
Übers Wasser springen das kaum tanzte

Die Boote waren
In einem Hafen festgemacht
Man band sie los
Als die ganze Schar eingestiegen war
Und ein paar Tote ruderten
So kräftig wie Lebende

Vorn auf dem Schiff das ich steuerte
Sprach ein Toter mit einer jungen Frau
Die ein gelbes Kleid trug
Ein schwarzes Mieder
Mit blauen Bändern und einen grauen Hut
Mit einer einzigen kleinen zerrupften Feder

Ich liebe Sie
Sagte er
Wie der Tauber die Taube liebt
Wie der Nachtfalter
Das Licht

Zu spät
Antwortete die Lebende
Unterdrücken Sie diese verbotene Liebe

Ich bin verheiratet
Sehen Sie diesen Ring wie er glänzt
Meine Hände zittern
Ich weine und möchte sterben

Die Boote hatten eine Stelle erreicht
Dort war wie die Kavalleristen wußten
Ein Echo das vom Ufer her Antwort gab
Man wurde nicht müde ihm Fragen zu stellen
Dabei gab es so närrische Fragen
Und derart passende Antworten
Daß man sich totlachen konnte
Und der Tote sagte zu der Lebenden
Welch Glück wär uns beiden gegeben
Bald Wasser nur ringsumher
Doch du weinst deine Hände beben
Wir sehen uns nimmermehr

Alle stiegen wieder an Land und nun ging's zurück
Die Liebenden hatten einander gefunden
Und paarweise gingen sie unter Küssen
In ungleichen Abständen
Die Toten hatten sich Lebende ausgesucht
Und die Lebenden
Tote
Ein Wacholderbusch wirkte manchmal
Wie ein Gespenst
Die Kinder zerrissen die Luft
Sie bliesen mit vollen Backen
In ihre Pfeifen aus Schneeball
Oder Holunder
Während die Soldaten
Tiroler Volkslieder sangen
Im Wechselgesang wie es üblich ist

Im Gebirge
In der Stadt
Wurde unsere Schar nach und nach kleiner
Man sagte sich
Auf Wiedersehn
Bis morgen
Aufbald
Viele gingen in Bierlokale
Einige schieden von uns
Vor einer Hundeschlächterei
Um sich dort ihr Abendessen zu kaufen

Bald blieb ich allein mit den Toten
Die geradewegs
Zum Friedhof gingen
Wo ich
Unter den Arkaden
Sie wiedersah
Ausgestreckt
Regungslos
Und gut gekleidet
In den Vitrinen auf ihr Begräbnis wartend

Sie hatten keine Ahnung
Von dem was geschehen war
Aber die Lebenden bewahrten die Erinnrung daran
Es war ein unverhofftes Glück
Und so über jeden Zweifel erhaben
Daß es ihnen unverlierbar schien

So geadelt war nun ihr Leben
Daß diejenigen die noch am Tage vorher
Sie als ihresgleichen angesehen hatten
Oder selbst als Tieferstehende

Nun voll Bewunderung waren
Für ihre Kraft ihren Reichtum und ihren Geist
Denn nichts ist eine größere Auszeichnung
Als einen Toten oder eine Tote geliebt zu haben
Man wird so rein dadurch daß man schließlich
In den Gletschern des Gedächtnisses
Mit der Erinnerung verschmilzt
Man ist gestärkt für das ganze Leben
Und braucht keinen Menschen mehr

LUDWIG FELS

WITWE

Wilhelm heißt ihr Mann unter der Erde.
So stehts auch auf dem Kreuz hundert
Kilometer weiter im Dorf
wo er liegt auf dem Acker, der Gott gehört
vor der Kirche, die der Pfarrer verwaltet
ein heiliger Greis, nichts mehr
mit der Köchin im Sinn, über die sich
so schön tuscheln ließ, damals
als das Leben noch ein bißchen
anders verlief.

Weil alles Arbeit war
wird der Abend zur Feier.
Weil es sich ausgelebt hat
werden die Räusche zum Traum.
Beschwipst gehts in die Ewigkeit
diesen einzigen Trost
nach vergebenen Sünden.

Als Andacht vom Lande
hat sie die Stadt begrüßt
auf ihren Spaziergängen
durch die Blumenkästen
bepflanzt mit kunterbuntem Einerlei.
Wie ein hohler Baumstamm
morsch und ungefällt
wurzelt sie im Siechenbett
anstaltsreif und ungepflegt
runzlig, faltig, Würmer in den Poren
ein gelbes Blut
sickert durch ihre Lippen
und nach Verwesung riecht ihr Schweiß.

Bis zur Bewußtlosigkeit erinnert sie sich
nützt wie scheintot ihre Ohnmacht aus.
Das Lager, auf dem sie Tage
und Nächte verbringt, umgibt
eine riechende Wand.
Schlohweiß
wächst ihr schütteres Haar durch die Zimmer.
Vorm Haustor parkt ein Leichenwagen
die neuen Mieter warten.
Bald hat sie Platz
in ihrem Mann.

URSULA KRECHEL

NACHTRAG

In den alten Büchern
sind die Liebenden vor Liebe
oft wahnsinnig geworden.
Ihr Haar wurde grau
ihr Kopf leer
ihre Haut fahl
vor Liebe, lese ich.

Aber nie ist jemand
wahnsinnig geworden
aus Mangel an Liebe
die er nicht empfand.
Auch das steht
in den alten Büchern.

So hätte denn der Mangel
einmal sein Gutes.

Guillaume Apollinaire (1880–1918)
Alle Gedichte aus: Alkohol. Gedichte französisch–deutsch. Aus dem Französischen übertragen von Johannes Hübner und Lothar Klünner, Darmstadt und Neuwied 1976 (SL 192).

Elisabeth Borchers (* 1926)
Alle Gedichte aus: Gedichte. Ausgewählt von Jürgen Becker, Frankfurt 1976.

Paul Éluard (1895–1952)
Alle Gedichte aus: Ausgewählte Gedichte, Neuwied und Berlin 1963. S. 8 übersetzt von Stephan Hermlin, S. 18, 20 und 24 von Lothar Klünner.

Gerhard Falkner (* 1951)
Alle Gedichte aus: so beginnen am körper die tage, Darmstadt und Neuwied 1981.

Ludwig Fels (* 1946)
S. 16, 48, 79, 89 aus: Anläufe, Darmstadt und Neuwied 1973. S. 38, 43, 142 aus: Alles geht weiter, Darmstadt und Neuwied 1977. S. 54, 181 aus: Vom Gesang der Bäuche, Darmstadt und Neuwied 1980.

Yvan Goll (1891–1950)
Alle Gedichte aus: Dichtungen, Darmstadt und Neuwied 1960.

Günter Grass (* 1927)
S. 9, 14, 74, 81, 96, 113, 166 aus: Gesammelte Gedichte, Darmstadt und Neuwied 1971 (SL 34). S. 37, 93, 162 aus: Der Butt, Darmstadt und Neuwied 1977.

Peter Härtling (* 1933)
S. 55 aus: Ausgewählte Gedichte 1953–1979, Darmstadt und Neuwied 1979 (SL 290). S. 84, 115, 121 aus: Vorwarnung, Darmstadt und Neuwied 1983.

Rolf Haufs (* 1935)
Alle Gedichte aus: Größer werdende Entfernung, Reinbek 1979.

Helmut Heißenbüttel (* 1921)
Alle Gedichte aus: Textbücher 1–6, Stuttgart 1980.

Günter Herburger (* 1932)
S. 47, 153 aus: Ventile, Köln 1966. S. 10, 163 aus: Ziele, Reinbek 1977.

Ernst Jandl (*1925)
S. 13, 33 aus: der künstliche baum, Darmstadt und Neuwied 1970 (SL 9). S. 53, 70, 124, 140, 160 aus: dingfest, Darmstadt und Neuwied 1973 (SL 121). S. 158 aus: serienfuss, Darmstadt und Neuwied 1974 (SL 157). S. 31 aus: die bearbeitung der mütze, Darmstadt und Neuwied 1978 (SL 336).

Marie-Luise Könneker (*1945)
Alle Gedichte aus: Taufsteine, Darmstadt und Neuwied 1981.

Hertha Kräftner (1928–1951)
Alle Gedichte aus: Das blaue Licht, Darmstadt und Neuwied 1981 (SL 334).

Ursula Krechel (*1947)
S. 95, 154, 161, 183 aus: Nach Mainz! Darmstadt und Neuwied 1977. S. 67, 108 aus: Verwundbar wie in den besten Zeiten, Darmstadt und Neuwied 1979.

Kurt Marti (*1921)
S. 15: Erstdruck.

Friederike Mayröcker (*1924)
Alle Gedichte aus: Ausgewählte Gedichte 1944–1978, Frankfurt 1979.

Ernst Meister (1911–1980)
S. 78 aus: Es kam die Nachricht, Neuwied und Berlin 1970. S. 125 aus: Ausgewählte Gedichte 1932–1979, Darmstadt und Neuwied 1977 (SL 244).

Gabriela Mistral (1889–1957)
Alle Gedichte aus: Liebesgedichte und andere Lyrik, Darmstadt und Neuwied 1981 (SL 335).

Pablo Neruda (1904–1973)
S. 22, 27, 131 aus: Viele sind wir. Späte Lyrik, hrsg., übertragen und eingeleitet von Erich Arendt, Darmstadt und Neuwied 1972 (SL 73). S. 30, 61, 66, 100, 105 aus: Liebesgedichte, spanisch–deutsch. Deutsch von Fritz Vogelgsang, Darmstadt und Neuwied 1977 (SL 232).

Helga M. Novak (*1935)
Alle Gedichte aus: Grünheide Grünheide, Gedichte 1955–1980, Darmstadt und Neuwied 1983 (SL 460).

Octavio Paz (*1914)
Alle Gedichte aus: Gedichte. Übertragen von Fritz Vogelgsang, Frankfurt 1977.

Friederike Roth (* 1948)
S. 138 aus: Tollkirschenhochzeit, Darmstadt und Neuwied 1978. S. 44, 83 aus: Schieres Glück, Darmstadt und Neuwied 1980.

Gaston Salvatore (* 1941)
Alle Gedichte aus: Der langwierige Weg in die Wohnung der Natascha Ungeheuer, Neuwied und Berlin 1971.

Ernst S. Steffen (1936–1970)
Alle Gedichte aus: Lebenslänglich auf Raten, Darmstadt und Neuwied 1980 (SL 327).

Achim Wannicke (* 1950)
Alle Gedichte aus: Manchmal geborgen, Darmstadt und Neuwied 1982.

Gabriele Wohmann (* 1932)
S. 80 aus: Komm lieber Mai, Darmstadt und Neuwied 1981. S. 34, 72, 90, 112 aus: Ausgewählte Gedichte 1964–1982, Darmstadt und Neuwied 1983 (SL 437).

William Butler Yeats (1865–1939)
Alle Gedichte aus: Liebesgedichte, Darmstadt und Neuwied 1976 (SL 218). S. 6 übersetzt von Susanne Schaup, S. 19, 23, 128, 146, 149 von Werner Vordtriede.

Der Herausgeber und der Hermann Luchterhand Verlag danken für die freundliche Erlaubnis zum erneuten Abdruck: dem Burgenländischen PEN-Club, Eisenstadt (Hertha Kräftner); dem Verlag Eremiten-Presse, Düsseldorf (Gabriele Wohmann, S. 90); Günter Herburger (S. 47 u. 153); dem Verlag Klett-Cotta, Stuttgart (Helmut Heißenbüttel); Kurt Marti; Else Meister (Ernst Meister, S. 78); dem Rotbuch Verlag, Berlin (Helga M. Novak, S. 69, 88, 114, 116, 144, 167); dem Rowohlt Verlag, Reinbek b. Hamburg (Günter Herburger, S. 10 u. 163); Gaston Salvatore; dem Suhrkamp Verlag, Frankfurt (Elisabeth Borchers, Friederike Mayröcker, Octavio Paz).

Der Herausgeber, Klaus Roehler, wurde 1929 in Königsee/Thüringen geboren und lebt in Darmstadt.
Erzählungen: Die Würde der Nacht, 1958. Ein angeschwärzter Mann, 1966. Ein Blick in die Zukunft jetzt gleich, im Oktober, 1978.
Herausgeber: Geschichten aus der Geschichte der Bundesrepublik Deutschland 1949–1979, 1980 (SL 300). Das Autobuch. Geschichten und Ansichten, 1983 (SL 475).
Mitherausgeber: Luchterhands Loseblatt Lyrik, 1966 ff. (SL 495 und 496). Klassenbuch. Ein Lesebuch zu den Klassenkämpfen in Deutschland 1756–1971, 3 Bände (mit Hans Magnus Enzensberger, Rainer Nitsche, Winfried Schafhausen), 1972 (SL 79, 80, 81).

INHALT

LIEBE IST EIN MASSLOS DING

DIE ERSTEN WORTE DES GLÜCKS

UMARMUNG UND TÖTUNG

RINN LIEBE IN DIE ZEIT

ALL EURE SÜNDEN
SIND EUCH GESCHENKT